老年期の心理査定と
心理支援に関する研究

渡辺恭子 著

風間書房

本書を最愛の夫である陽と二人の息子はるおとゆきおに捧げます。

目　　次

第1章　老年期概説

第1節　加齢による変化

　老年期には加齢によって心身に変化が起こる。また，その能力変化に加えて，老年期の特徴的な心理・社会的要因が老年期の精神疾患や症状に大きく影響することはよく知られている。つまり，老年期は「生物（身体）・心理・社会的状況（環境）」の微妙なバランスの上に成り立っていると言っても過言ではない。

　老年期の心身の状態を考える上で重要な概念が，「**エピジェネティクス**[1]」な変化である。エピジェネティクスな変化とは，遺伝と環境の相互作用による変化を指す。老年期には，ここに生物・心理・社会的な状況の影響が加わる。また，「**DOHaD（Developmental Origins of Health and Disease）仮説**」の考え方も重要である。「DOHaD 仮説」とは，将来の健康や特定の病気へのかかりやすさは，胎児期や生後早期の環境の影響を強く受けて決定されるというものである。

1）**エピジェネティクス**：「超遺伝子学」や「周辺遺伝子学」と訳される（久保田，2009）。DNA周辺因子（DNA 上のメチル化修飾など）による遺伝子調節メカニズムのことを指す。遺伝子DNA の変異は認められないにも関わらず，DNA の修飾状態が変化して遺伝子のスイッチが切り替わってしまうことにより疾患が起こるという考え方。当初はエピジェネティクスな異常は，ゲノム刷り込み疾患をはじめとする精子や卵子の変化が環境要因によって起こり，先天異常疾患が発生すると考えられてきた。しかし，現在は後天的な環境要因でも変化すると言われている。例えば，子育ての仕方で子どものエピジェネティクスが変わるというもので，精神的ストレスを与えたラットの脳内遺伝子に異常が生じ，行動異常の原因となったとの報告がある。このように，現在は，生後の環境要因（栄養状態，精神的ストレスなど）が DNA そのものではないがエピジェネティクスを変えて遺伝子の働き具合を変えているという考え方が主流である。これまで，エピジェネティクスな遺伝子発現調整パターンは，各種遺伝子の働きが目まぐるしく変化する発生時期（胎生期など）を過ぎれば生涯にわたって変化しないと考えられて来た。しかし，現在では，生涯にわたって，短い時間でも環境要因が作用することで後天的にエピジェネティクスな変化があるとされている。

　本節では，老年期における加齢による変化について，身体機能の変化・記憶機能の変化・実行機能の変化・パーソナリティの変化という4点から記す。なお，知能の変化については第2章で取り上げるので割愛する。

⑴身体機能の変化

　老年期の特徴は，筋力，柔軟性，平衡機能，瞬発力などが全体的に低下することである。特に「**サルコペニア**」は，筋肉量が減少し運動機能が低下する状態を指している。

　感覚機能では，視覚や聴覚において加齢に伴う低下があり，特に70歳を超えると大きく低下してくると言われている（坂口，2015）。視覚では長田（2015）が読書や視覚的な作業をする時の速さである「**視覚情報処理速度**」が低下するとしている。さらに，薄暗がりや暗闇でものを見る時に順応する力も影響されるとしている。つまり視覚では暗順応における加齢の影響が大きいと言える。順応する力が低下することから高い照度を必要とする一方で，眩しさを感じやすくなるという「**グレア**」という状態になり対象物の周囲が見えにくくなるといった特徴もある。加えて，テレビの画面や字幕スーパーを見る時の「**動体視力**」，小さな活字を読む時の「**近見視力**」，多くの視覚刺激から情報を探し出す「**視覚的探索**」が低下するとされている。視野も加齢の影響を受けて狭まるが，特に前方上方の視野が狭くなるとされている。これらの視覚における加齢の影響が高齢ドライバーの交通事故の増大につながっているという指摘もある（長田，2015）。

　聴覚では，最小可聴閾が上昇し小さい音が聞こえにくくなるが，60歳以降に急激に変化する。また，高音域から聴力が低下していき，次第に低音域に進行する。特に，男性で高音域の聴力が低下しやすい。老年期に生じる難聴の多くは，内耳から中枢神経にかけての障害による「**感音性難聴**」（老年期のものを「**加齢性難聴**」とも呼ぶ）である。加齢による感音性難聴の多くは蝸牛内の有毛細胞脱落や変性，中枢神経系の変化によって生じるとされる（長田，

2015)。これらの聴力の低下は周りとのコミュニケーションの問題を引き起こし，抑うつとも大きく関係するとされている。難聴に対する対応策としては，文章を短くする，ゆっくり話す，叫ばない，相手の方を見て話す，話す前にクライアントの注意を引くなどの方法がある（長田，2015）。

　なお，山中（2015）は，視力や聴力の低下によって孤独や人との隔たりを感じやすくなり社会的関係の悪化を招くことと，認知機能低下とが強く関係すると述べている。また，Baltes（1997）によって，老年期における視聴覚感度の低下が，言語能力を含む様々な認知機能に影響することが示されている。一方で，板田（2015）は，単語認知能力の低下については，視聴覚を含む知覚感度の低下によるものなのか，高次機能の低下によるものなのかについては明示できないとしている。

　臓器機能では，排尿障害や消化器官の機能低下による便秘が起こりやすくなる。甲状腺ホルモンや副腎皮質ホルモンは加齢の変化を受けにくいが，性ホルモンが減少する。さらに，心筋肥大や心臓重量が増加するため，最大心拍数は低下する傾向にある。他にも肺活量の低下や嚥下機能の低下がおこる。嚥下機能の低下により，誤嚥から肺炎を起こしやすくなる。一方で，肝臓の機能低下は目立たない。

　睡眠では，体内時計の位相の前進により早寝早起きの傾向となる。中途覚醒が増え，睡眠効率は低下する。さらに，「**REM 睡眠**[2]」が減少する。

　なお，「**フレイル**」という状態は，加齢により心身機能が低下したことに加えて複数の慢性疾患が重複し，生活機能が障害され，心身の脆弱性が出現

2）REM 睡眠：REM は Rapid Eye Movement の略。逆説睡眠と同義。眼球が水平方向に素早く動く。脳波は覚醒時に近く，様々な脳波が入り混じっている。夢を見ているのは REM 睡眠時である。一般に，体は眠っているが脳波覚醒している状態と言われる。交感神経優位でもある。一方，Non REM 睡眠は体も脳も眠っている状態で，段階 1（α波に θ 波が入り始める。まどろみ中），段階 2（軽い睡眠。脳波は θ 波から δ 波），段階 3（δ 波半分以下），段階 4（δ 波が50％以上）という 4 つの段階からなっている。睡眠は入眠→Non REM の段階 1，2，3，4，→Non REM の段階 4，3，2，1→REM と進む。Non REM と REM を 1 サイクルとし 1 サイクルはほぼ90分である。この周期を一晩に 3〜5 回繰り返す。

4

することである。Robertson（2014）はプレフレイルおよびフレイルの評価では，「握力の弱さ・歩行速度の遅さ・身体活動のレベルの低さ・意図的でない体重減少・疲労」の5つのうち，3つ以上でフレイル，1つ以上でプレフレイルとしている。また，フレイルおよびその前段階であるプレフレイルでは，認知機能検査の点数が有意に低下していると報告しており，特に握力の弱さと歩行速度の遅さが認知機能の低下と関係するとされている（Robertson, 2014）。

⑵記憶機能の変化

　記憶に関する分類については，図1-1-1，図1-1-2にまとめる。また，第2章第1節のアルツハイマー病にも記載するので参照されたい。

　加齢によって影響を受けるとされる記憶機能は，ワーキングメモリ（作動記憶）・エピソード記憶・展望的記憶である。また，自由再生課題の成績は加齢によって低下するが，再認課題では成績に違いがないという報告がある。

　ワーキングメモリとは，情報の一時的な保持と処理を同時に遂行する機能で，日常生活を円滑に進めるためにはなくてはならない機能である（苧阪, 2015）。例えば，会話をする際には，相手の言ったことを一時的に保持して，経験的に蓄積した長期記憶を用いて内容を処理して適切に返答することが必要になる。つまり，ワーキングメモリは長期記憶をうまく短期記憶に繋いでいく役割を担っていると言える。なお，ワーキングメモリについては，Baddeley による**ワーキングメモリのモデル**[3]が代表的である。ワーキングメモリは脳の前頭前野背外側領域において処理されるというのが通説であり，前頭葉の機能低下とともに，ワーキングメモリも低下するとされている（苧阪, 2015）。ワーキングメモリは一般的に加齢によって低下することが示され

3）**Baddeley によるワーキングメモリのモデル**：中心に中央実行系があり，音韻ループから得る音韻情報や視空間的スケッチパッドから得る知覚的情報を管理する。中央実行系はこれらの情報と長期記憶（エピソードバッファ）とのやりとりを管理する機能があるとされる。

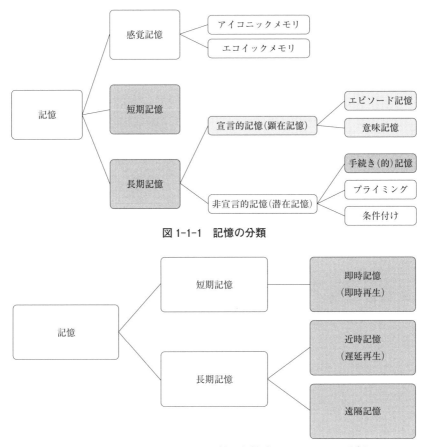

図 1-1-1　記憶の分類

図 1-1-2　記憶の分類その 2：記憶の保持時間の長さによる分類

ているが，苧阪（2015）は課題によっては加齢の影響の度合いが違うと述べ
ている。
　エピソード記憶は加齢によって影響を受けるとされているが，現在，エピ
ソード記憶を含む自伝的記憶の「**感情調整**[4]**機能**」が注目されている。老年
期は喪失の世代であり，喪失には大きなストレスが伴う。また，喪失とどの
ように向き合い自分の人生を統合していくかが生涯発達心理学的視点からも

重要である。自伝的記憶については，抑うつ障害のクライアントの場合，気分が落ち込んだ時に嫌なことを思い出しやすいという気分に応じた記憶が想起されやすい「**気分一致記憶**」との考え方がある（増本，2015）。一方で，ポジティブな感情状態にある場合は，ネガティブな気分に誘導されても気分とは一致しない記憶であるポジティブな記憶が想起されるという「**気分不一致記憶**」が惹起される。この気分不一致記憶は，感情調整機能が備わっていると言われている。気分不一致記憶の中には**認知的再評価**と**表出抑制**があるが，認知的再評価を意図的に促すことによって，過去の葛藤を解決したり，人生の再評価につながると考えられている。認知的再評価を促す具体的な方法としては回想法やライフレビューによる介入がある。これらについては第4章にて後述する。また，認知的再評価による感情調節機能は後述するエイジング・パラドックスとも深く関わりがあると考えられる。

　ところで，老年期になると記憶力が低下したと本人が訴えることが多い。このような，自己や他者の記憶に関わる個人の認識や知識などを含む広い概念を「**メタ記憶**」という（清水，2015）。メタ記憶はメタ認知の下位概念である。メタ記憶には「**メタ記憶的知識**」と「**メタ記憶的活動**（メタ記憶的経験）」がある。メタ記憶的知識は，自分がどれくらいの量を覚えられるかとか，どれくらいの難易度の課題なら記憶が可能かなど，記憶活動を行う本人の特性などが含まれる。一方，メタ記憶的活動はここは記憶しなければならない状況であると判断したり，将来このような場面で想起したり再生しなければならないと予期したり，提示された記憶課題に適切な記憶方略（記憶の仕方）を用いるなどである。さらに，自分の持っている知識の中に課題に関連する情報があるかを確認したり（記憶モニタリングまたはメタ認知的モニタリ

4）**感情調整**：感情調整プロセスモデルに基づく。感情調整の方法としては，認知的再評価と表出抑制がある。認知的再評価では，ストレスフルな状況でも状況を再解釈し，ネガティブな感情を改善する。そして，ポジティブな感情や心理的安定を高め，抑うつ・不安を軽減する。一方で，表出抑制では，ネガティブな感情の表出を抑制するが，ネガティブな経験を減少させることはできないので，自己不一致感が高まり，主観的幸福感を低下させるとされている。

ング），自分の記憶活動がどれくらい有効かを考えることも含まれる。この
ように，メタ認知は記憶活動をする際の意思決定の根拠になる。清水
(2015) によると，老年期におけるメタ認知については，記憶モニタリング
は若年者と比べて差がないという報告と，老年期の記憶モニタリングに問題
があるという研究とが併存しているとされる。また，課題内容によって，老
年期には自分の記憶力について過大評価することもあれば，過小評価する場
合もあると述べている。したがって，メタ記憶に関しては，加齢の影響につ
いて断じることができない状況であろう。一方で，記憶保持については，老
年期になると自発的に効果的な記憶方略（記憶の方法）を用いることができ
ない可能性が示唆されている。

⑶実行機能の変化

　「**実行機能**（Executive function）」は**遂行機能**とも言われ，ほぼ同義に扱わ
れることが多い。実行機能とは，ある目標の達成や思考の維持，的確な意思
決定などのために，認知処理過程をトップダウンによって制御する機能であ
るとされ（Diamond, 2013）（熊田，2015），前頭葉との深い関係が示唆されてい
る。実行機能は我々の日常生活の活動の基盤となる能力である（松田，2015）。
　加齢に伴う変化としては，まず，**抑制機能**の低下が挙げられている。例え
ば，「**ストループ課題**[5]」における加齢に伴うストループ効果の増大が報告
されている。このことから，目で見た刺激や耳から入ってきた情報に即座に
反応してしまう可能性がある。
　注意機能の変化では，選択的注意・分割的注意・持続的注意において加齢
の影響が認められる。さらに，視覚性の注意では，関係ない対象を無視する

---

5 ）**ストループ課題**：色付きの色名単語（例えば赤色で書かれた「あお」という単語）について，
　色そのものを答えるという課題。単語が提示されてから答えるまでの時間（反応時間）や誤答
　率を測定することによって，見た単語をそのまま読むという行動を抑制しながら不慣れな回答
　をするという実行機能の一つである抑制機能を測定することができる。

ことが困難になるとされている（熊田，2015）。これは前述の抑制機能の低下とも関係すると考えられ，無関連な情報を抑制する機能が老年期になると低下するとも言える。

　認知的柔軟性も加齢によって低下するとされており，状況に応じてやり方を切り替えることが難しく，融通が利かなくなるとされる（熊田，2015）。例えば，「**ウィスコンシンカード分類**（Wisconsin card sorting test; WCST）[6]」では，保続エラーが続くとされる。WCSTでは，試行錯誤して正解のカテゴリを見つけた後，正解が続くと検査者がカテゴリを変える。その後，被験者は新しいカテゴリを見つけるために試行錯誤を新たにしなければならない。しかし，老年期のクライアントは，以前のカテゴリのルールに則って（固執して）回答し続けるため不正解が続く。これを保続エラーという。老年期のクライアントは，前頭葉の機能低下により，認知的柔軟性が低下すると考えられる。

　プランニング・意思決定・展望的記憶などは**高次（脳）機能**と言われ，日常の生活行動に密接に関連する高次の実行機能とされている（熊田，2015）。これらの高次の実行機能も老年期には機能低下がある。熊田（2015）によれば，**プランニング**とは，行動の計画を立てて，その通りに実行することを言う。プランニングは「**ハノイの塔**[7]」課題などで測定することができる。プランニングでは，自分でたてた計画を覚えておくというワーキングメモリ，状況に応じて認知の枠組みを変更する認知的柔軟性，試行錯誤しながらプランを立て直すといった機能が必要になる。老年期では的確にプランを立てて

6）ウィスコンシンカード分類（Wisconsin card sorting test; WCST）：4種類の形（星形や丸），4色の色，数（1個から4個）という3つの要因のいずれかにしたがって，カテゴリごとに分類するという課題。被験者は提示されたカードについてカテゴリを回答し，回答に対する正誤をみながら，正解のカテゴリを試行錯誤して見つけていく。正解のカテゴリが続くと，新しいカテゴリになり，また被験者は試行錯誤して正解を見つけていく。

7）ハノイの塔：元は問題解決過程の研究で用いられていた。一番右の棒に輪っかを通して重ねることが最終目標。一度に一つの輪しか動かせない・より小さい輪の上には動かせないというルールがある。最終目標に向けてどのように方略を立て試行錯誤するかを観察できる。近年では前頭葉機能の神経心理学的検査としても用いられている。

その通りに遂行することが困難になるとされる。

　なお，プランニングにも関わる機能として前述した記憶の中のワーキングメモリがある。ワーキングメモリは実行機能の重要な構成要素であると考えられるようになっている。そのため，ワーキングメモリは老年期における手段的日常生活動作（I-ADL）（第3章第5節参照）に関連しているという研究結果も多い。さらに，ワーキングメモリが新規場面における問題解決能力の低下を招いているという説もある（松田，2015）。

　「情報処理過程」では加齢に伴い，ヒューリスティック処理が増えるとされている。ヒューリスティックとは，個人的なルールやその人なりの技を用いることである（渡部，2015）。情報処理過程は，時間をかけて情報を吟味し，論理的に判断したり情報処理を行う**「システマティック処理」**と，比較的短時間で意思決定を行い認知的負荷は少ないが最適な選択肢が得られるとは限らない**「ヒューリスティック処理」**がある（渡部，2015）。なお，システマティック処理は加齢に伴って衰えていくことが明示されている。ヒューリスティック処理は，認知的な負荷は少ないが情動が関与する。老年期になると，後述するSSTの理論に示されるように情動調節と安定が重視されるようになるため，ヒューリスティックな処理が増える。その結果，若い時にはしなかった決定をしたり，最適とは言えない決定をすることがある。

　ところで，実行機能に関わる脳活動について，加齢による「後頭前頭シフト（Posterior − Anterior shift with aging ; PASA）」という考え方が示されるようになってきている。これは視覚情報の処理について，若年者では後頭葉や側頭葉が活動するのに対して，老年期になると前頭葉に活動する部位が見られるようになることである。これらの知見から，熊田（2015）は，老年期の行動・思考の変化は前頭葉機能の低下のみならず，前頭葉を含めた脳のネットワークの働き方の加齢に伴う変化である可能性が高いと述べている。

⑷パーソナリティの変化

　パーソナリティには様々な定義がなされているが，一般に，行動に見られる多様な個体差を説明するための概念とされている（大山，1994）。もう少し詳しくいうと，「個人に特有・その人の行動を予測しうるもの・行動や思考や感情に関係するもの・環境への適応をもたらすもの・力動的に変化するもの」とされている（岸本，2010）。これらをまとめて，成田（2015）は，「反応の個体差，ならびに個としての一貫性」としている。パーソナリティ理論については，Mischel の**一貫性論争**[8]を引き起こした理論や，**社会認知的相互作用理論**[9]，**交差時間遅れモデル**[10]などがある。近年では，**特性 5 因子モデル**[11]（**Big-5 モデル**または OCEAN モデル）による研究が多数行われている。

　パーソナリティは基本的に時間が経過してもその傾向は安定しているが，加齢に伴い変化するという説が一般的である（成田，2015）。Big-5 では，神経症的傾向・外向性・開放性は低下するが，調和性，誠実性は向上するとされている（成田，2015）。これらより，加齢とともに社交性が低下すると考えられる。また，パーソナリティに近い傾向である自尊感情が，老年期には低下していくことが示されている。自尊感情は他のパーソナリティ傾向に比べて老年期における個別の変動性が大きいとされる。これは，社会環境の変化や社会的役割の喪失の程度といった個人差や健康や認知能力の低下の程度も影響するためであると考えられている（成田，2015）。

8） **一貫性論争**：Mischel は人の行動が通状況的・経時的に必ずしも一貫しないことから，比較的一貫した思考・行動・感情などの反応傾向のまとまりである特性をパーソナリティの中心に考える特性論を批判した。これを人—状況論争または一貫性論争という。

9） **社会認知的相互作用理論**：行動の予測において，"個人"と"環境や状況"の両方を重視する理論。

10） **交差時間遅れモデル**：Fealey らによる。遺伝的要因が各発達段階のパーソナリティに影響し，そのパーソナリティが次の時点の環境に影響し，環境が次の発達段階のパーソナリティに影響を与えるというモデル。

11） **特性 5 因子モデル**：パーソナリティは「神経症的傾向」「外向性」「開放性（知性）」「調和性（協調性）」「誠実性（勤勉性）」の 5 つによって構成されるとする。Big-5 の測定では NEO-PI-3 などが用いられる。また最近では，上記 5 つに「正直さ（謙虚さ）」を加えた HEXACO モデルもある。

　一方で，パーソナリティ自体は加齢によってあまり影響を受けないという説もある（柄澤，2005）。竹中（2010）も原則的には元々の性格の範疇から踏み出さないと述べている。しかし，実際には老年期においてパーソナリティの変化が見られることから，加齢自体の影響ではなく，それ以外の要因が指摘されている。その要因としてよく取り上げられるのが，脳機能の変化である。アルツハイマー病や前頭側頭葉変性症，脳血管障害などにより，パーソナリティが影響を受けるというものである。また，身体的健康の喪失により，心理的反応としてパーソナリティが変化しているように見えることも指摘されている。さらに，環境の変化が人生観やライフスタイルに変化を与え，それがパーソナリティに影響するとされている。竹中（2010）も元々のパーソナリティの範疇を踏み出さないながらも，適応によってその表現型が異なってくるとしており，新福の三型を例に取り上げている。一つ目は拡大型で，性格の尖鋭化であり，若い頃の性格特徴が拡大強調される場合である。二つ目は反動型で，若い頃に抑圧していた内在する性格傾向が加齢により抑制を失って顕在化される場合である。三つ目は温和型で，パーソナリティが調和のとれた円熟へと変化するものである。

　ところで，パーソナリティの変化については，性差があると下仲ら（1999）は述べている。下仲（1999）は Cohen の研究から女性は感情を表しやすいという特徴が目立ってくると述べている。男性が自己を肯定的に見やすいのに対して，女性は否定的に見やすく恐れや不安が強いとされる。また，老年期において，女性は攻撃的・自己主張的傾向が強まるが，男性は受身的・養育的になると述べている。これらの性差については文化的時代的な影響も大きいかもしれない。

第 2 節　老年期に関する様々な理論

　老年期の様々な理論を考える上では，生涯発達心理学の視点が必要になるであろう。佐藤（2015）によると，人生初期の「成長期」・人生中期に完態

(Perfect state) を迎える「成熟期」・衰退していく時期としての人生最後の年代と考えられる「老年期」という考え方があるとされる。しかし，近年は，生涯発達心理学の視点から，人は他者と関わり続ける限り一生涯に渡って発達し続ける存在で，他者や社会からの支援を受けてこそ発達する存在であるという考え方が主流である。ここでは，生涯発達心理学の視点から，佐藤（2015）らによって示されている老年期に関する理論を中心に取り上げる。

　第一は，「社会情動的選択制理論 (socioemotional selectivity theory: SST)」である。この理論は Carstensen によって提唱されたものである。自分の未来展望をどのように知覚しているかがそれに関連する行動の動機付けの対象を規定し，知識獲得か情動の統合に向かうのかが決まってくるというものである。この SST の研究から，老年期は加齢に伴って情動に関わる情報を選好することがわかってきている。さらに，情報の中で，若年期に選好しやすいネガティブな情報ではなく，ポジティブな情報を選好することもわかってきている。これが「ポジティブ選好性」で，ポジティブな情報処理が優先されることを「ポジティビティ効果」と呼んでいる。つまり，SST の理論では，老年期には人生が残り少ないために情動の安定性を最大の目標にするため，情動の安定性に寄与する情報を好んで選んだり，情動を不安定にする要因を避けるようになるとされている。また，情動が不安定になりやすい新規の情報や新規の人間関係よりも，限られた人間関係の中で関係を展開する場合が多くなる。

　第二は，喪失に直面した時の理論である。老年期において特徴的なのは，身近な人々（配偶者や親しい友人）との死別である。また，退職や家族の自立による環境や人間関係からの離別を多く経験する。さらに，自分自身の能力が低下したり，できていたことができなくなったりする。これらは全て喪失体験であると言え悲嘆を伴うことも多い。これらの喪失体験とそれに伴う悲嘆のケアとして，グリーフカウンセリング的視点が必要になる。その際，「喪の仕事の課題」が参考になる。一つ目に，喪失の事実を受容することで

ある。二つ目に，悲嘆の苦痛を乗り越えることである。悲嘆の苦痛を抑圧・回避することは喪の過程を長引かせる。感情を殺し，苦痛を否定したりしないように援助することが大切である。三つ目に，死者のいない環境や喪失した状態に適応することである。四つ目に，喪失したものや人を情緒的に再配置し，生活を続けるといった段階を経ることが必要である。さらに，自分自身の能力の喪失や自身の死に対しては，Kubler-Ross の「**死の 5 段階[12]**」の理論を念頭に関わっていく必要がある。

　加えて，近年では，Brandtstädter らによる「**二重過程モデル**」が提唱されている（佐藤，2015）。これは，心理的資源の喪失に直面した時の対処方略で，肯定的な自己感を維持するために同化と調節を行うという理論である。同化型の方略では環境を変化させることによって期待と現実の再確立を実現しようとする。しかし，老年期になるとこの同化型方略に限界を感じるようになり，調節型方略に移行し，好ましさと目標を変更することで適応しようとする。二重過程モデルによく似た理論として，Heckhausen の「1 次的・2 次的制御理論」がある。1 次的制御は欲求や願望に適するように外的環境を変えようとする試みで，二重過程理論の同化に類似している。2 次的制御は現状に適応するために自らの内的世界である目標や願望・信念などを調節しようとする試みで，二重過程理論の調節にあたる。喪失が増え出す中高年期には 1 次的制御で試みるが，加齢によってそれが難しくなる老年期には 2 次的制御への動機付けが高まるとされる。

　第三は，「**選択的最適化理論 (selective optimization with compensation; SOC)**」である（佐藤，2015）。SOC は，選択最適化補償理論とも言われ，人が幸福に生きるための方略の一つである。加齢による能力の低下を補う方法で，Baltes (1997) によって提唱された。Baltes は，発達とは獲得と喪失の

---

12) **死の 5 段階**：死の受容に際しては，否認，怒り，取り引き，抑うつ，受容といった段階を経るという考え方。ただし，この段階は必ずしも順番に現れるわけではなく，行きつ戻りつを繰り返すこともあるとされている。

相互作用によって進行する成長と老化のダイナミクスであるとしている。そして，この獲得と喪失という発達的交代の過程の中で生じる問題に，どう対処するのかを考察している。その結果生まれたのが SOC 理論である。SOC 理論は，加齢によって心身機能が低下し，それまでの水準の維持が困難になった場合に，様々な対処法を用いることで自分を維持し続けるという考え方である。その対処法が，「**1. 選択**：若い頃よりも狭い領域を探索し特定の目標に絞る」「**2. 補償**：機能低下を補う手段や方法を獲得して喪失を補う」「**3. 最適化**：狭い領域や特定の目標に最適な方略を取り適応の機会を増やす」というものである。つまり，目標達成のための一連の過程を，目標の選択・補償・資源の最適化の 3 つの要素に分け，加齢に伴う喪失を 3 つのプロセスを動員することで元の状態に近づけようとするとされている。この方法により，幸福感の低下が抑えられると考えるものである（岩原，2018）。

　第四は，「**エイジング・パラドックス**」である。記憶に対する自己認識であるメタ記憶は，健常高齢者の方が若年者よりも高い得点を獲得するという結果がある（このことについては賛否両論ある）。この結果が示すように，機能が低下していく老年期において，実際の生活場面では予想外の順応性を示す現象が現れている。これがエイジング・パラドックスである。佐藤（2015）は，エイジング・パラドックスは老年期においてもヒトが発達的存在である証左であるとしている。そして，老年期とは検査や実験で得られているデータよりも実際の生活で発揮される機能レベルが高く，低下した機能であってもその低下した機能を的確に使用する順応性と，失敗や不利さえもポジティブに捉える心理機制を有する発達的存在であるとしている。よって，老年期は退職や死別など喪失体験が多いが，幸福感は他の発達期に比べて低くないという。なお，エイジング・パラドックスには，「選択的最適化理論」や「社会選択的情緒理論」が影響するとされる。増本（2015）も，老年期において余命が限られていると認識すると，感情調整が起こり満足感を得るために認知的・社会的資源を投資すると述べている。また，若年者が危険から身

を守り生命を維持するためにネガティブ情報に注目する「**ネガティブ・バイアス**」が起こりやすいのに対して，老年期にはそのような必要がないためネガティブ・バイアスが起こらず，ポジティブな記憶に対する成績が良くなるという「**ポジティビティ・エフェクト（効果）**」が起こるではないかという研究結果も報告されている（Charles, 2003）。これらがエイジング・パラドックスが起こる機序かもしれない。

　第五が，「**サクセスフル・エイジング**」である。高齢になっても心身の健康をはかり，積極的に活動することを「サクセスフル・エイジング」と呼ぶ。サクセスフル・エイジングは，「活動理論」「離脱理論」などの論争の途上で導き出された。**離脱理論**は古典的な理論で，死に向かう段階として次第に社会的活動から引退していくという考え方で，**社会的離脱**とも言われる。一方，対立する概念として**活動理論**があり，仕事や子育てが終了しても他のボランティア活動などの社会的な活動量を維持するいう理論である。これらの二つの理論の論争の途上でサクセスフル・エイジングが従属変数として設定されるようになった。下仲（1999）は，Baltes（1990）の研究から，サクセスフル・エイジングの研究で取り上げられた概念として生存期間，身体的健康，認知能力，精神的健康，社会的機能，生産性，パーソナルコントロールの保持，主観的幸福感などを挙げている。

　第六は，「**ウェルビーイング**」である。ウェルビーイングは「**主観的幸福感**」とほぼ同義で，老年期のクライアントが自らの人生や生活に抱いている主観的な充足感のことである。主観的幸福感に影響を及ぼす要因としては，健康状態，社会的経済的状況，社会的活動などが挙げられているが（下仲, 1999），最近では規定要因として社会経済的変数よりも主観的要因が重要とされるようになっている。前述したように，ウェルビーイングはサクセスフル・エイジングの指標の一つでもある。なお，類似の概念として，「生活の質（Quality of Life; QOL）」の考え方があり，どれくらい質の高い豊かな生活をおくれているかが QOL に関連するとされる。老年期領域では QOL の向

上が目標となる。ウェルビーイングや QOL の質が高いと，サクセスフル・エイジングに繋がると考えられる。

　第七は，高齢者を支える社会的サポートの理論の一つの「**ソーシャル・コンボイ**」（またはコンボイ・モデル）である。ソーシャル・コンボイとは老年期のクライアント周囲でサポートをやり取りする社会関係の全体像をモデル図で示したものである。元々は Kahn & Antonucci（1980）らによって提唱されたものである。本人が円の中心にあり，家族・配偶者や親友などの長期に安定した関係で役割に依拠しない関係者は近くに配置されている。そして，友人や近所付き合いの深い近隣住民，日頃から付き合いのある親戚等，役割にいくらか依拠し長期的には変化しやすい関係者は中間に配置されている。そして，医師やケアマネージャー，介護福祉士などの専門職，仕事上の上司や同僚など，役割関係に直接依拠し，役割の変化によって直接変化しやすい関係者は遠くに配置されている。

第3節　老年期の心理的特性－喪失という観点から－

　本節では老年期の心理的特性について述べる。老年期には多くの喪失体験をすることが知られている。老年期における喪失体験については，竹中（2010）が「老年期における喪失体験はそれ以前の年代より普遍的で，根源的である」と述べている。前節でも述べたように，老年期には自分の生命が限りあるものと感じられるために，普遍的で根源的であるのかもしれない。老年期は様々な喪失を経験するストレスフルな世代である。前述したように，加齢によって様々な能力が低下する。これらの能力低下も一種の喪失である。加えて，配偶者との死別，親しい友人たちの喪失，社会的役割の喪失，経済的自立の喪失，社会的孤立などの喪失が起こる。さらに，疾病への罹患や障害を抱える状況も多くなり，それらを抱えながら生きていく・生活していくことが求められる。

　竹中（2010）は，老年期の喪失を「自己像の喪失，感覚器の喪失，社会的

存在の喪失，家庭における喪失，人間関係の喪失，精神的資産の喪失」の6つに分けて考えている。ここでは，竹中の6つのくくりに筆者独自の考えを加えてまとめることとする。第一の自己像の喪失とは，自分自身のイメージの喪失であろう。加齢や疾患によって様々なことができなくなったり時間がかかったりすることなどから，これまでいろいろなことができていた自分の中の自分のイメージを喪失する。若い頃の自分のイメージを徐々に年齢に応じて変化させていくことは，特に自己愛傾向の強いクライアントにとっては，容易なことではない。また，徐々に老いていく自分を受け入れていくことも容易ではない。第二の感覚器の喪失では，視覚と聴覚が関係するとされている。前節でも示したように，特に聴覚は対人コミュニケーションに上で重要な役割を果たしている。山中（2015）は視力や聴力の低下は孤独や人との隔たりを感じやすくなり，社会的関係の悪化を招くことによって，認知機能低下と強く関係するとしている。第三の社会的存在の喪失は，仕事の退職などによって社会的な地位や役割，ひいては社会における居場所を失うことである。これは社会との断絶にもつながり，対人関係の喪失も伴ってくる。仕事のリタイア後に，新たな社会的居場所を持つことができるか，これまでの社会的役割の喪失をどのように昇華し，新たな役割を獲得していけるかが大きな鍵となるであろう。第四の家庭における喪失は，親としての役割・主婦としての役割・夫の役割・妻の役割などの喪失である。夫が退職して家庭で過ごすことが多くなると，夫はこれまでの外の世界で仕事をして経済的に家庭を支えるという役割を失って，家庭の中での新たな役割を見つける必要が出てくる。また，妻は，夫とともに過ごす時間が増えることによって，これまでの自分の日常的なスケジュールを失い，新たな家庭のスケジュールを作り出していく必要がでてくる。さらに，共に過ごす時間が増えることによって，新たな夫婦としての関係性も必要になってくる。一方，子どもが成長し自立していくに従って，親としてできることがなくなり，育て自立を促していくという親役割を喪失し，新たな親としての役割を見つけなくてはならない。第五

の人間関係の喪失は，配偶者・子ども・兄弟・親しい友人・仕事の関係者などの人間関係が失われることである。それは，例えば配偶者の死などによってもたらされる場合もあれば，配偶者が認知症化することによってもたらされる場合もあるだろう。また，社会的役割の喪失とともに，仕事関係の人間関係が失われることもある。第六は，精神的資産の喪失である。竹中(2010)は，長年住み慣れた家を建て替えたり，大切にしていたものが壊れてしまったりということを例としてあげている。老年期には新しい住居に引越しした途端に認知症が進行することがある。これは，家庭を築き，子供を育て社会人として活躍したという歴史をともにした住居をなくしてしまうという精神的資産の喪失に他ならない。精神的資産は，その人その人によって何を大切に思っているかで異なってくるものであり，その人が生きてきた歴史とも密接に関わってくるであろう。さらに，竹中(2010)は老年期は社会的に特技や役割，立場といった「個」としての特性が次第に失われていく無名化の過程を歩む時期であるとしている。

　一方で，SSTの理論に示されるように，老年期には人生が残り少ないために情動の安定性を最大の目標にし，情動の安定性に寄与する情報を好んで選んだり，情動を不安定にする要因を避けるようになるとされている。また，機能の低下している老年期において，実際の生活場面では予想外の順応性を示すエイジング・パラドックスという現象も報告されている。このような老年期の特徴を踏まえた上で心理支援を展開していくことが求められる。

第1章　参考文献

Baltes, P.B., Lindenberger, U.: Emergernce of a powerful connection between sensory and cognitive functions across the adult life span. Psychol. Aging, 12(1); 12-21, 1997

Charles, S.T., Mather, M., Carstensen, L.L.: Aging and emotional memory. J. Exp. Psychol. Gen., 132(2); 310-324, 2003

Cohen, S.: Social relationships and health. Am. Psychol., 59(8); 676-684, 2004

Cohen, S., Wills, T.A.: Stress, social support, and the buffering hypothesis. Psychol. Bull., 98(2); 310-357, 1985

Diamond, A.: Executive functions. Annu. Rev, Psychol., 64(1); 135-168, 2013

Holt-Lunstad, J., Smith, T.B., Layton, J.B.: Social relationships and mortality risk. PloS. Med., 7(7); e100316, 2010

一般社団法人日本心理研修センター監修：公認心理師現任者講習会テキスト．金剛出版，東京，2018

岩原明彦：サクセスフル・エイジングとオプティマル・エイジング．心理学ワールド，82；5-12，2018

柄澤昭秀：老年期の心理．老年精神医学雑誌，16(1)；81-88，2005

岸本陽一編：パーソナリティ．培風館，東京，2010

小林江里香：高齢者の社会関係・社会活動．老年精神医学雑誌，26(11)；1281-1290，2015

久保田健夫，伏木信次：エピジェネティクスのオーバービュー．脳と発達，41；203-207，2009

黒川由紀子：老年期の心理療法．老年精神医学雑誌，16(11)；1299-1303，2005

黒川由紀子，斎藤正彦，松田修：老年臨床心理学．有斐閣，東京，2009

熊田孝恒：高齢者の実行機能．老年精神医学雑誌，26(4)；429-435，2015

松田修：老年精神医療における老年心理学研究の応用，高齢者心理の理解が老年精神医療においてなぜ重要か．老年精神医学雑誌，27(2)；217-222，2016

長田久雄，佐野智子，森田恵子：高齢者の感覚の特徴．老年精神医学雑誌，26(3)；305-317，2015

成田健一：高齢者のパーソナリティ．老年精神医学雑誌，26(12)；1405-1416，2015

苧阪直行：ワーキングメモリとコグニティブエイジング．老年精神医学雑誌，26(9)；1039-1046，2015

Robertson, D.A., Savva, G.M.., Coen, R.F., et al.:Cognitive function in the prefrailty and frailty syndrome. J. Am. Geriatr. Soc., 62(11); 172-181, 2006

斎藤正彦：痴呆の心理療法．松下正明編：今日の老年期痴呆治療．金剛出版，東京，1993

佐藤眞一：老年心理学研究の最前線．老年精神医学雑誌，26(1)；77-83，2015

Seeman, T.E.: Social ties and health. Ann. Epidemiol, 6(5); 442-451, 1996

清水寛之：高齢者のメタ記憶．老年精神医学雑誌，26(8)；919-926，2015

下仲順子編：老年心理学．培風館，東京，1999

竹中星郎：老いの心と臨床．みすず書房，東京，2010

山中克夫：高齢者の知能．老年精神医学雑誌，26(2)；197-201，2015

渡辺恭子：音楽療法総論．風間書房，東京，2011

渡部諭：高齢者の意思決定．老年精神医学雑誌，26(10)；1157-1164，2015

第2章　老年期の精神疾患

　櫻井（2016）は「高齢者の15％に認知症が存在し，さらに認知症の最軽度状態である軽度認知障害もほぼ同じ程度存在する」としており，すでに800万人を超える認知機能障害をもつ高齢者がいると述べている。また，軽度認知障害を含めないとしても，2010年の厚生労働省の推計では2025年には470万人が認知症になるとされている。一方，厚生労働省は図2-1-1のような新オレンジプラン（2016年5月25日の社会保障審議会介護保険部会の参考資料より）

認知症施策推進総合戦略（新オレンジプラン）
～認知症高齢者等にやさしい地域づくりに向けて～の概要

・高齢者の約4人に1人が認知症の人又はその予備群。高齢化の進展に伴い，認知症の人はさらに増加　2012（平成24）年 462万人（約7人に1人）⇒新 2025（平成37）年 約700万人（約5人に1人）
・認知症の人を単に支えられる側と考えるのではなく，認知症の人が認知症とともによりよく生きていくことができるような環境整備が必要。

新オレンジプランの基本的考え方

　　認知症の人の意思が尊重され，できる限り住み慣れた地域のよい環境で自分らしく暮らし続けることができる社会の実現を目指す。

・厚生労働省が関係府省庁（内閣官房，内閣府，警察庁，金融庁，消費者庁，総務省，法務省，文部科学省，農林水産省，経済産業省，国土交通省）と共同して策定・新プランの対象期間は団塊の世代が75歳以上となる2025（平成37）年だが，数値目標は介護保険に合わせて2017（平成29）年度末等・策定に当たり認知症の人やその家族など様々な関係者から幅広く意見を聴取

七つの柱
① 認知症への理解を深めるための普及・啓発の推進
② 認知症の容態に応じた適時・適切な医療・介護等の提供
③ 若年性認知症施策の強化
④ 認知症の人の介護者への支援
⑤ 認知症の人を含む高齢者にやさしい地域づくりの推進
⑥ 認知症の予防法，診断法，治療法，リハビリテーションモデル，介護モデル等の研究開発及びその成果の普及の推進
⑦ 認知症の人やその家族の視点の重視

図2-1-1　新オレンジプラン

（厚生労働省HP：認知症施策推進総合戦略，認知症高齢者にやさしい地域づくりに向けて，新オレンジプラン概要より転記）

を示しているが，この中で新たに示された2025年の認知症の有病者数は約700万人となり，以前の推計より増加している。また，認知症の有病率について検討した朝田ら（2011）の研究によれば，全国有病率推定値が15％，軽度認知障害は13％となっており，単純に合計すると28％の認知症および認知症予備群が存在することになる。

　このような状況の中で，認知症への支援は喫緊の課題となっていると推察される。そこで，本章では，認知症疾患について基本事項をまとめ，その中で認知症疾患に対する支援のポイントを探ることとする。

　認知症とは「脳の器質的な障害によって，記憶・実行（遂行）機能や会話能力など，一旦発達した知的機能が持続的に障害されており，社会生活に支障をきたすようになった状態」と定義されている。認知症の原因となる疾患には，アルツハイマー病，前頭側頭葉変性症，クロイツフェルトヤコブ病，大脳皮質基底核変性症，レビー小体病，脳血管性障害（多発性脳梗塞など）がある。ここでは，病型頻度の高い「アルツハイマー病」「血管性認知症」「レビー小体型認知症」「前頭側頭葉変性症」について取り上げる。また，認知症の前駆期とも言われる軽度認知障害についても述べる。さらに，老年期に認知症と混同されやすい精神疾患としてうつ病（抑うつ障害）があげられる。老年期の抑うつ症状は，認知症の前駆症状と捉えるのか，それとも抑うつ障害と捉えるのかが難しい症状でもある。そこで，本章では老年期の抑うつ障害についても取り上げる。

　加えて，2013年に刊行された米国精神医学会による **DSM-5**（Diagnostic and Statistical Manual of Mental Disorders, Fifth Edition）では，認知症に相当する概念として，**神経認知障害**（Major Neurocognitive Disorders: NCD）と，軽度認知障害（MCI）に相当する **Mild NCD** という概念が出てきている。本章では補足的にこれらについてもまとめることとする。DSM-5 における**神経認知領域**については，随時，表 2-7-1，表 2-7-2 を参照されたい。また，DSM-5 ではまず，認知症なのか，軽度認知症なのかの判断を行う。診断基

準については，**認知症**は表2-7-3，**軽度認知障害**は表2-7-4に示す。DSM-5では認知症または軽度認知症の診断基準を満たした上で，アルツハイマー病，血管性認知症（血管疾患），レビー小体型認知症（レビー小体病），前頭側頭葉変性症などを特定する。アルツハイマー病は表2-7-5，血管性認知症（血管疾患）は表2-7-6，レビー小体型認知症（レビー小体病）は表2-7-7，前頭側頭葉変性症は表2-7-8に示すので，随時参照されたい。

第1節　アルツハイマー病

アルツハイマー病（表2-1-1）の有病率は，65歳以上の高齢者全体の1〜3％であるとされている。一方，久山町研究では，アルツハイマー病の粗有

表2-1-1　アルツハイマー病の経過

時期	症状	具体例
前期	近時記憶の障害	3 - 4 週間前の出来事が思い出せない
	時間見当の障害	日付や時間がわからなくなる
	新しい体験や情報の記憶が困難	
	自発性の低下	
中期	遠隔記憶（数年から数十年前の記憶）の障害	中年期に行った海外旅行のことを忘れている
	場所の見当識障害	外出後の帰宅方法がわからなくなる 自宅を他人の家と間違える
	判断力の低下	買い物や料理ができなくなる
	ADL の低下	着衣・摂食・排便などで介助が必要となる場合がある
	多動・徘徊・常同行動	
	失語・失行・失認	
	BPSD（behavioral and psychological symptoms of dementia）	
後期	人物に関する見当識障害	家族が認識できなくなる

病率は2005年で12.3％であるとされ，しかも年を追うごとに有意な上昇傾向
にあるとされている。また，朝田ら（2011）による調査では認知症全体の中
でアルツハイマー病の占める割合は67.4％であるとされている。このように，
以前は血管性認知症の方が多いとされていたが，1990年代以降，アルツハイ
マー病の有病率が高いとされるようになってきた。

　アルツハイマー病が初めて報告されたのは，ミュンヘン大学の Alzheimer,
A. によってであった。Alzheimer, A. は４年半の経過を示した51歳の女性に
ついて1907年に報告し，夫に対する嫉妬妄想から始まり，記憶障害・被害妄
想・時空間の失見当が出現し，４年半後に無意欲・ねたきり状態になって死
亡したとしている。大脳の剖検では，脳萎縮が著しく，神経細胞の内部が崩
壊して，大脳表層の細胞消失が認められたとされる。また，老人斑の存在も
示されている。

　以前は，若年性に発症する家族性の高い遺伝性のアルツハイマー型認知症
を「アルツハイマー病」，60歳以上の高齢者に発症した加齢をともなう認知
症を「アルツハイマー型老年認知症」と称することが多かった。現在でも初
老期発症と老年期発症では遺伝的バックグラウンドが異なるなどの意見があ
る。一方で，基本的な生物学的病態は同じであるという意見もある。そこで，
本書では「アルツハイマー病」という表記で統一する。

(1)アルツハイマー病の記憶障害

　アルツハイマー病の臨床像の主たるものは，記憶障害である（表2-1-2）。
　記憶障害について，記憶保持時間の分類でいくと，アルツハイマー病の場
合，「即時記憶[1]」は比較的保たれているので，今現在進行中の会話などに
は何とかついていける。しかし，「近時記憶[2]」には障害が認められるため，
さっき話したことを覚えていないなどの障害が認められる。即時記憶は数列

1）**即時記憶**：さっき言われたことを繰り返して復唱するといった記憶。「短期記憶」とほぼ同義。
2）**近時記憶**：数分前から数ヶ月前の記憶。遅延再生では近時記憶の障害を測定している。

表 2-1-2　記憶の分類とアルツハイマー病における特徴

記憶保持時間による分類	短期記憶	即時記憶：アルツハイマー病では初期は障害されないため，その場の会話は問題なかったりする。病状が進行し，即時記憶が障害されると，会話の内容が正確に保持出来なくなり，混乱した会話となる。なお，即時記憶では，記銘・保持・再生は関係しないとされる。
	長期記憶	近時記憶：アルツハイマー病で初期から障害が認められる。遅延再生課題で測定することができる。
		遠隔記憶：最終的に自己や社会における古い情報が障害される。
記憶の種類による分類	宣言的（陳述的または顕在）記憶	エピソード記憶：初期からエピソード記憶の障害が認められる。
		意味（Semantic）記憶：知的記憶ともいう。類似性や差異の障害が認められる。
	非宣言的（潜在）記憶	手続き記憶：アルツハイマー病の後期に至るまで，比較的保たれる。
		プライミング：活性化拡散理論による。先行刺激が後続の標的刺激の処理に促進効果をもたらす。例えば，「小型・犬」という先行刺激があると「マルチーズ」という標的刺激となる犬の種類が出現しやすくなる。
		条件付け：古典的条件づけやオペラント条件づけがある。
記憶の構成による分類	記銘(符号化)	アルツハイマー病では特徴的に記銘力低下がおきる。
	保持(貯蔵)	保持の障害によって，エピソードや記憶の一部が思い出せないという現象が起こる。
	再生(検索)	自由再生：単語のリストの記憶などで自由に再生させる。系列位置効果（初頭効果や親近性効果）がおこりやすい。アルツハイマー病で低下しやすい。
		手がかり再生：ヒントを与えて再生させる。
		再認：認知症疑いの段階では，エピソードや見当識検査において再認が可能。例えば，「今は春夏秋冬のどれですか」には答えることができる。

や文章の復唱などで測定することができる。近時記憶は，一度覚えてもらった物品名や単語をしばらくしてから再生させる遅延再生で測定することができる。「**遠隔記憶**[3]」は前期には障害されないことが多い。

　記憶の種類による分類でみてみると，アルツハイマー病では「**陳述的記憶**[4]」のなかの「**エピソード記憶**[5]」が障害されることが多い。特に，エピソードそのもの（おこった出来事そのもの）自体を忘れていることが特徴である。また，アルツハイマー病では類似性や差異の障害が認められる。これは陳述的記憶（または宣言的記憶）のなかの「**意味記憶**[6]」のネットワークが問題になるとされる。例えば，目黒（2011）は，健常者は類似性や差異性について抽象的な上位概念で答えるとしている。例えば，「虎と牛は肉食か草食かが違う」と答える。一方，アルツハイマー病患者は知覚的あるいは具体的な差異で答える。例えば，「虎と牛は大きさが違う」と答えることが多いとされる。一方で，自転車に乗る・編み物をするといった体で覚えたような記憶である「**手続き記憶**[7]」は比較的保たれる。

　また，記憶を構成する機能として，「**記銘**」「**保持**」「**再生**（**想起**）」という分類で考えるならば，アルツハイマー病を特徴づけているのは，記銘力の低下である。記銘力とは新しい出来事や情報について側頭葉連合野を使って覚えこむことであるが，これが低下するために，出来事そのものを思い出せないという状態になる。

---

3) **遠隔記憶**：数年から数十年前の記憶。なお，近時記憶・遠隔記憶を合わせて，「長期記憶」ともいう。
4) **陳述的（陳述）または宣言的記憶**：意識の関与が必要な記憶。エピソード記憶と意味記憶に分けられる。
5) **エピソード記憶**：いつ，どこで，誰と，何を，どのようにしたという記憶。
6) **意味記憶**：人間が長期間にわたって保持している一般的知識を指す。知識と同義に使用されることが多い。個人的な経験の記憶であるエピソード記憶と対をなす概念。Collinsの意味ネットワークモデルが代表的で，意味の関連する概念（ex.いちごとりんご）やその属性（赤い，果物）が相互に連結しているという考え方である（岡本，1996）。他にも意味理解や意味記憶に関連する理論としては，Loftusらによる活性化拡散理論がある。
7) **手続き記憶**：過去に習得した作業手順など，いわば体で覚えた記憶。

加えて，ワーキングメモリの障害が指摘されている。例えば，**MMSE**[8]の Serial-7 では，100から 7 ずつ引いていくが，一つ前の答えを記憶してそこから 7 をまたひくという作業が必要になる。このように，情報を記憶して保持しつつ，作業や処理をするとをワーキングメモリと呼ぶ。認知症患者ではこのようなワーキングメモリを使用した課題が障害されやすいとされている（目黒，2011）。

⑵アルツハイマー病の行動心理症状（BPSD）

アルツハイマー病では，多くの場合，**BPSD**[9]（Behavioral and Psychological Symptoms of Dementia）が認められる（表 2-1-3）（表2-1-4）。池田（2010）によると BPSD は行動や心理における障害で，記憶障害などの中核症状に対して，本人の性格傾向・介護者との人間関係・生活環境・身体症状などとの相互作用によって生じる周辺症状とされる。BPSD は本人にとってのリスクとなるだけでなく，介護や看護の負担増にもつながる。

アルツハイマー病では，BPSD の一つとして**アパシー**[10]が高頻度に認められ，家事や身の回りのことに興味を示さなくなり，社会性も低下し，意欲低下が認められる（日本神経学会，2014）。また，抑うつ症状も比較的初期からよく認められる症状である（日本神経学会，2014）。さらに，中期以降に物盗られ妄想（盗害妄想）が最も多く現れ，被害妄想や嫉妬妄想，見捨てられ妄想などが出現することもある。アルツハイマー病では，初期には幻覚は少なく，中期以降に増加することが多い。内容は幻視や幻聴が多いとされている

8）**MMSE**：Mini Mental State Examination の略。認知機能検査として全世界的に使用されている。認知症のスクリーニングとして有用である。
9）**BPSD**：行動心理症状。認知症の周辺症状であり，攻撃・喚声・不穏・焦燥・徘徊・異常行動・性的逸脱・収集癖・罵り・つきまといなどがあげられている。感情や意欲の障害や人格変化などもこれに含まれる（日本老年精神医学会，2011）。BPSD は介護や看護を困難なものにすると言われている。
10）**アパシー**：様々なことに興味を示さなくなる状態。意欲を喪失し，人との関わり合いを避け発動性が低下する。趣味や家事，身の回りのことにも興味を示さなくなる。

表2-1-3　行動心理症状（BPSD）

	症状
不安	軽度の認知症では病識があるため不安を抱くことがある。日常生活の些細なことにも不安を持つことがある。
焦燥性興奮	不平を言う，無視する，物を隠す，部屋の中を行ったり来たりする，暴言，暴力など。ただし，焦燥性興奮の暴力や暴言は対象が曖昧でまとまりがないことが多い。認知症が中等度の患者に多い。
幻覚・妄想	アルツハイマー病では物盗られ妄想，見捨てられ妄想が多い。妄想の対象は家族や介護者であることが多い。 レビー小体型認知症では幻視が多い。
抑うつ	アルツハイマー病では初期症状として抑うつが認められることが多い。身体的精神的能力の低下が認められたり，自責感・悲哀感が出ることもある。また，身体的不調感も認められる。 アパシーでは，意欲の消失により，趣味や家事や身の回りのことに興味を示さなくなる。
行動症状	(1)暴力と暴言：大声で叫ぶ・罵る・痙攣を起こす・叩く・引っ掻く・嚙むなどの行為。自傷行為も含む。前頭側頭葉変性症（FTLD）の頻度が高いとされる。 (2)性格変化や不安，落ち着きの無さなどからじっとしていられずに動き回る。地誌的失見当識のために徘徊することもある。 (3)不穏：落ち着かない状態。焦燥性興奮とも一部重複する。 (4)性的脱抑制：不適切な性的言動。行動にまで至ることは少ないとされる。自己露出等も含む。

（日本神経学会：認知症疾患治療ガイドライン．医学書院，東京．p.33-37．2010を参考に加筆）

（長濱，2016）。なお，アルツハイマー病では抑うつ症状がもの忘れの半年ぐらい前に先行して起こるが，その他のBPSD（妄想・不安）は，もの忘れの症状が出現して半年後ぐらいに出てくることが多い。

(3)アルツハイマー病の生活技能障害

　生活技能障害では，**実行（遂行）機能**[11]の障害が認められる。実行機能が一番よく現れるのは家事であると言われている。例えば，料理をする場合，何を作るのかきめる「**計画性**」や，野菜を洗って切って煮るといった一連の

表 2-1-4　行動心理症状（BPSD）の比較

症状	アルツハイマー病	レビー小体型認知症	前頭側頭型認知症
幻覚（外刺激がないのに生じる知覚）	初期はまれ。中期以降に増加。幻視・幻聴が多い。	初期から幻視が出現。人物幻視が多く、視野の外に人の気配を感じるといった実体的意識性もある。動物や虫の幻視がある。幻聴・セネストパチー（体感幻覚）・幻臭も認められるが、初期にはまれ。錯視も多い。	幻覚はまれな症状。
誤認（実在の外刺激はあるが、それに対する誤った知覚または認知）	初期に誤認は少ない。中期以降に人物誤認や場所誤認が認められる。	初期から50%の症例で誤認症状がある。	誤認はまれな症状。
妄想	初期から認められる。物盗られ妄想（盗害妄想）が多い。被害妄想・嫉妬妄想・見捨てられ妄想なども出現。	初期から認められる。アルツハイマー病に比べて嫉妬妄想の頻度が高い。	妄想はまれな症状。
脱抑制	ごく軽度のアルツハイマー病患者に多い。中等度になると逆に減少する。40%の患者に認められる。		50%に万引きなどの社会的行動異常が出現。
抑うつ症状	初期から認められる。半数以上で認められる。	初期に抑うつや不安が高い頻度で認められる。20%の患者に認められる。	少ない。
意欲の低下（無為・無関心）		初期から認められる。半数以上で認められる。	半数以上で認められる。
徘徊	出現する。地誌的失見当のために戻れなくなる場合が多い。		同じパターンの繰り返しが多い。同じ時間に外出し、同じ道筋で戻ってくることが多い。
食行動の異常		初期から嚥下障害と拒食がある。拒食などは幻視が関係していることがある（ゴマが虫に見えるなど）。	食行動異常あり。同じものを食べつづけたり、拒食があるなど。何でも口に入れる。
常同行動	ほとんどない。	ほとんどない。	同じリズムでの生活。同じ場所での生活。決まったメニューなどを多く認められる。
興奮・易刺激性	初期から認められる。	初期から認められる。	

（池田学：認知症。中央公論新書、東京、2010）、（日本老年精神医学会編：改定・老年精神医学講座　総論。ワールドプランニング、東京、p.66、2011）。（長濱康弘：BPSDの初期症状。老年精神医学雑誌、26、増刊号：2640-2646、2016）、（橋本衛：アルツハイマー病のBPSD、DLBとの比較。老年精神医学雑誌、24、増刊号 1：79-86、2013）より引用加筆

動作である「**系列化（系列動作）**」が必要になる。また，ご飯を炊きながら野菜を煮るといった同時に何かを行うという「行為の**並列化**」も必要になってくる。アルツハイマー病では，徐々に，前頭葉機能が関係するこれらの計画性・系列動作・行為の並列化が困難になる。

　また，行為や動作の障害も認められる。第一に，アルツハイマー病では頭頂後頭領域が障害されるため，手で何かの操作をしようとするとき，物へ手を伸ばして掴もうとするときに対象から手がずれてしまうという障害が起こることがある。また，立方体を模写できないといった**構成障害**に類似する障害として，衣服を着用しようとするときに片方の袖に腕を通せない・左右逆に通すといった誤りが生じることがある。さらに，布団がきちんと敷けなくなったり，敷布団の下で眠ったり，便座と自分の位置関係がわからず逆向きに座るなどの障害も現れる（朝田，2015）。第二に，道具の使用ができなくなるという障害がみられる。これは，単独で現れることはなく，構成障害などを伴うことがほとんどである（中川，2013）。

⑷アルツハイマー病の経過

　アルツハイマー病では最初期に**軽度認知障害**（mild cognitive impairment; MCI）が認められる。MCI については，本章第 5 節で詳述する。ここでは，MCI・前期・中期・後期の 3 つの時期に分けて，整理する（表 2-1-1 を参照）。

　アルツハイマー病ではその最初期に軽度の認知障害が現れるとされる。この時期には，無為（意欲の低下）や抑うつ，易刺激性が認められる。この時期に抑うつが認められるのは，病識がまだ保たれているため自らの機能障害を自覚しやすいことが挙げられる。また，周囲が認知症の発症に気づいてお

11）**実行（遂行）機能**：第 1 章第 1 節参照。ある目標の達成や思考の維持，的確な意思決定のために，認知処理過程をトップダウンによって制御する機能。具体的には，ある目的を達成するために必要ないくつかの行動を効率的に手順良く行う能力（池田，2010）。例えば，料理を手際良く作ることなどがこれに当たる。料理では献立を考える→材料の購入→材料の下ごしらえ→調理→もりつけなどの手順を手際良く行うことが必要である。

らず，物忘れをその都度指摘されてイライラ感が助長されるためであると考えられている。

　前期には，物忘れなどの記銘・記憶障害が認められる。古い昔のことはよく覚えているのに，さっきのことを忘れていることが初期の特徴である（堀，2012）。このように，新しい体験や情報の記憶が困難になるため，昨日やったことを忘れているなどの近時エピソード記憶の障害が認められる。このことは，認知機能検査で遅延再生課題が即時再生課題に比べて著しく低下するという兆候として現れる。また，時間の見当識障害は初期から出現する。最初期は，再認によって「今は春夏秋冬のいつですか」という問題に答えられるが，次第に再認も難しくなってくる。加えて，前頭葉の機能が低下してくると，「野菜を知っている限り言ってください」といった流暢性課題が困難になってくる（日本老年精神医学会，2011）。さらに，判断力の低下や清潔への無関心，異常な思考パターンが認められようになる。また，不安や抑うつが現れることもある。

　中期になると，空間の見当識障害が認められるようになる。この事により，外出して戻る場所がわからなくなってしまい徘徊するなどの症状が現れる。検査場面では，目を閉じて入口の方向を指し示すといったことができなくなる。遠隔記憶にも障害が認められるようになり，さらに，記憶の欠損を取り繕うために作話（話を作る）をする事もある。買い物や料理などの計画性を伴う複雑な家事は難しくなり，指示理解が困難になってくる。検査場面では認知機能検査である MMSE の三段階命令や読字といった課題にも障害が認められるようになってくる。実行（遂行）機能障害から，着衣や摂食・排便などにも援助や声かけが必要になってくる。さらに，症状が進行すると，言語理解も困難になる。自発語は同じ事を繰り返す反響言語などが認められるようになり，同じ音をずっと繰り返す保続が目立つようになる。また，**感覚失語**[12]，**失読**（読めなくなる），**失書**（書けなくなる），**失算**（計算が出来ない），**失行**（動きの模倣ができなくなったり，物の使い方がわからなくなる）が認められ

るようになる。加えて，常同的徘徊や同一動作の反復が現れる。さらに，精神機能全般の低下が認められ，理解力の低下，思考能力の低下，注意集中の困難が加わる。この時期には多くの BPSD が認められる。

　後期になると，意味のある生活活動が困難になってくる。人物の見当識障害も認められ，家族の顔がわからなくなる。また，高等感情の鈍麻が現れ，脳の器質的変化が脳幹部にまで及ぶと欲動が衰え，無為・無発動となり死に至る。

⑸その他の特徴

　アルツハイマー病の画像では，CT や MRI において，初期から**海馬**（側頭葉の内側部）の萎縮が特徴的である。この海馬の萎縮が記憶障害をもたらしていると言える。発病して数年で，海馬周辺から側頭葉や頭頂葉に萎縮や病変が広がると構成障害や視空間認知の障害・失語が出てくる。アルツハイマー病における特徴的な画像所見は，MRI や CT では側頭葉内部（海馬・**扁桃体**）に加えて，頭頂－側頭連合野の萎縮であると言える（日本老年精神医学会編，2011）。また，PET や SPECT 所見としては，側頭葉内側部や後部帯状回・頭頂－側頭連合野の血流低下が認められる。

　周辺症状として，**せん妄**が起こることがある。せん妄とは，軽度の意識障害で，精神運動興奮をともない，健忘・見当識障害を起こし，本人はほとんど記憶していない状態を指す。せん妄の症状は短時間で変動することが多いが，何らかの基礎疾患があって起こす場合が多いので注意を要する。

---

12) **感覚（性）失語**：受容性失語とほぼ同義。他者の話していることを理解できない。自分で話すことはできる。ウェルニッケ失語などが代表である。反対に，他者の話していることは理解できるが，自分で話すことができない状態を運動性失語と言い，ブローカ失語などがその代表である。

第2節　血管性認知症

　血管性認知症は，脳血管障害による認知症の総称である。記憶障害・自発性の低下・意欲低下・無関心など様々な症状が認められるが，判断力や理解力，パーソナリティ変化は少ないとされる。このように，全般的に機能低下が認められるわけではなく，脳血管障害によって障害された部分のみ機能が低下することから，「まだら認知症」とも言われる。また，典型的な血管性認知症の経過は，脳梗塞などの発作後に突然発症し，再発するたびに階段状に進行する（池田，2010）。さらに，血管性認知症は，単一疾患ではなく，病因・病態・神経症状・経過が多様であるとされている（日本老年精神医学会編，2011）。池田（2010）も，血管障害の大きさ・数・部位によって症状が多様であるため，診断が難しいと述べている。

⑴診断基準と臨床像

　血管性認知症（Vascular Dementia; VaD）の臨床的診断基準は，「認知症があること，脳血管障害（Cerebrovascular Dementia; CVD）があること，両者に因果関係があること」の3点であるとされている（日本神経学会，2014）。これらの根拠となっている代表的な診断基準としては，世界保健機関（WHO）の**国際疾病分類第11版**（ICD-11[13]），米国精神医学会による**精神疾患の診断・統計マニュアル**（DSM-5），カリフォルニア Alzheimer 病診断・治療センター（**ADDTC**[14]）による虚血性血管性認知症の診断基準，米国国立神経疾患・脳卒中研究所（NINDS）と Association International pour la Reserch et l'Enseignement en Neurosciences（AIREN）による国際ワークショップで作成された診断基準（**NINDS-AIREN**[15]）などがある。

---

13) **ICD-11**：疾病および関連保健問題の国際統計分類。International Classfication of Diseases and Related Health Problems の略。世界保健機関（WHO）が作成した分類。
14) **ADDTC**：カリフォルニア Alzheimer 病診断・治療センター

34

血管性認知症によく見られる症状としては，歩行障害・構音障害・嚥下障害・感情失禁などがある。精神症状で認められやすいのは抑うつ症状である。不安や抑うつ，自発性の低下などはアルツハイマー病より顕著であるという報告も認められる（日本神経学会，2014）。

(2)脳血管性認知症の分類

脳血管性認知症は大きく分けて4つに分類できる（日本老年精神医学会編，2011）（表 2-2-1）。「大脳皮質型血管性認知症」「局在病変型梗塞認知症」「皮質下性認知症」「脳出血による認知症」である。

「**大脳皮質型血管性認知症**」は，前大脳動脈・中大脳動脈・後大脳動脈などの灌流域[16]の梗塞によるものである。単発の発作の場合もあるし，多発する場合もある。また，片側性の場合もあるし，両側性の場合もあり，多様な症状を示す。具体的には，失語・失行・失認・視空間障害・構成障害・実行機能障害がおこる。言語療法や理学療法などのリハビリテーションが実施される。

「**局在病変型梗塞認知症**」は重要な部位の小病変によって**高次（脳）機能障害**[17]がもたらされる。海馬や視床，前脳基底部（前頭葉の底面）に小さな梗塞が認められる。視床が障害された場合，傾眠・記銘力障害・意欲や自発性の低下などが起こる。海馬が障害された場合は，記銘力障害・急性期の興奮や錯乱が認められる。前脳基底部では，人格変化などが起こる。

「**皮質下性認知症**」（小血管病変性認知症）は，**多発性ラクナ梗塞**[18]または進行性の皮質下血管性脳症（ビンスワンガー脳症）に伴う認知症である。脳内の

---

15) **NINDS-AIREN**：National Institute of Neurological Disorders Stroke（; NINDS）と Association International pour la Reserch et l'Enseignement en Neursciences（; AIREN）

16) **灌流域**：血管を通って血液が流れている部分。低灌流とは，なんらかの原因で血液が十分に行き渡らなくなっている状態を指す。

17) **高次（脳）機能障害**：脳の器質的原因により日常生活や社会生活に支障が出ている状態をいう。記憶障害・注意障害・実行機能障害・社会的行動障害などが複雑に絡み合って症状として出現する。

表 2-2-1　血管性認知症の分類

分類	病変部位等	症状
大脳皮質型血管性認知症（多発梗塞性認知症）	前大脳動脈・中大脳動脈・後大脳動脈	失語，失行，失認，視空間障害，構成障害，実行機能障害　まだら認知症
局在病変型梗塞認知症	海馬・視床・前脳基底部の小病変	(1)視床が障害→傾眠・記銘力低下・意欲や自発性の低下 (2)海馬が障害→記銘力障害，急性期の興奮や錯乱 (3)前脳基底部が障害→人格変化
皮質下性認知症	ラクナ梗塞，ビンスワンガー病	緩徐な進行　実行機能障害，思考緩慢，抑うつ，感情失禁
脳出血による認知症	中等大以上の大きさの脳内出血，くも膜下出血などによる	多様な症状

（日本老年精神医学会編：改訂・老年精神医学講座．各論．ワールドプランニング，東京，p.35-48，2011）
（池田学：認知症．中公新書，中央公論新社，東京，2010を参考に加筆）
（日本神経学会：認知症疾患治療ガイドライン．医学書院，東京，p.256-257，261，2010を参考に加筆）

　細い動脈が高血圧等で障害されながらも破裂することなく長期間経過すると，徐々に血管が詰まる状態になる。**ラクナ梗塞**とはこのように脳の深部の小さな血管が詰まることであり，小梗塞が幾つも起こる場合に多発性ラクナ梗塞となる。日本人を含むアジア系に多いとされ，日本の脳梗塞では一番多いタイプである。ビンスワンガー病は，これらの小さな血管の梗塞によって広い範囲に虚血性の病変が起こってくるものを指す。意識消失はほとんどなく，夜間や早朝に発症し，朝起きたら手足のしびれや言葉が話しにくいという症状で認識する場合もある。これらの小血管の障害によるものは緩徐に進行することが多く，アルツハイマー病との鑑別が難しいとされている（池田，

18)　**ラクナ梗塞**：脳の細い動脈が高血圧で痛めつけられ，徐々に詰まって脳の深部に小さな梗塞ができること。小梗塞は症状を出さないことも多く，その場合無症候性脳梗塞と呼ばれる。

2010）。実行（遂行）機能障害・思考緩慢・抑うつ症状・感情失禁などが認められるが，記銘力は比較的保たれている。軽度認知障害の段階から徐々に認知症に至る例が多い。運動麻痺や**偽性球麻痺**[19]による嚥下障害や病的な泣き笑いが認められることもある。さらに，脳血管性パーキンソニズムなども示すことがある（日本神経学会，2014）。久山町研究（小原，2014）でも，このタイプの半数は脳梗塞による明らかな発作のない状態で認知症を発症しているとされる。

第3節　レビー小体型認知症

　レビー小体型認知症（dementia with Lewy bodies; DLB）（図 2-3-1，表 2-3-1）は，認知症の中ではアルツハイマー病・脳血管性認知症についで 3 番目に多いとされている。変性疾患の中では，アルツハイマー病に次いで頻度の高い変性性の認知症疾患であるとされている。レビー小体型認知症に罹患すると，進行性に認知障害（初期には記憶障害は目立たないことが多い）が認められる。しかも認知機能は変動することがあるとされている。また，幻視や妄想などの精神症状，パーキンソン症状，自律神経症状が早期に出現することが多い（小阪，2016）。

　レビー小体病の歴史は，**パーキンソン病**の発見にさかのぼる。パーキンソン病は1817年に Parkinson, J. によって，臨床像が記載され，19世紀末にフランスの Charcot によって，パーキンソン病と名付けられた。その後，1912年にドイツの Lewy によって発見された封入体（異常な物質の集積したもの）が，パーキンソン病では脳幹に蓄積することが1950年代に相次いで報告された。1970年代にはパーキンソン病の認知症はアルツハイマー病の合併によるものであるという報告がなされたが，小阪らは脳幹以外の大脳皮質や扁桃体にも

19）**偽性球麻痺**：「球」とは延髄を指す。延髄そのものが障害されているわけではないが，その上位ニューロンである大脳皮質からのニューロンが障害されることにより，その影響を受けてあたかも延髄が障害されたかのような症状が出ることを言う。

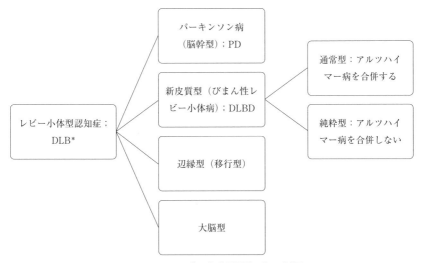

図 2-3-1　レビー小体型認知症の分類

*DLB は DBLD より広い概念であるが，DLB と DLBD はほぼ同義と捉えて良いとされる。

レビー小体が多数出現する症例を報告した。さらに，小阪らは1980年にレビー小体病（脳幹型・移行型・びまん型・大脳型）を，ついで1984年にびまん性レビー小体病を提唱した。そして，1995年，イギリスで開催された第一回国際ワークショップで，びまん性レビー小体病を含む「レビー小体型認知症」という名称が提唱され，臨床診断基準が1996年に公表された。その後，2005年にはレビー小体型認知症の臨床診断基準改訂版が示されている（表 2-3-2）。なお，塚本（2016）は「レビー小体型認知症（DLB）と認知症を伴うパーキンソン病（PDD）は，レビー小体病という一つの疾患スペクトラムの中で，認知症の中での運動障害の時間的な出現順序が違い，すなわち，同じ疾患の表現型のバリエーションと理解しうる」と述べている。つまり，DLB とPDD は本質的な違いはなく，一つの疾患スペクトラムの中で認知障害や運動障害の時間的な出現順序や程度が違っただけであり，同じ疾患の表現型のバリエーションであるとも言える（日本神経学会，2014）。

　レビー小体型認知症の症状の中核となるものは，変動する認知機能・幻視を中心とする精神症状・REM 睡眠行動障害・パーキンソン症状・自律神経障害などである。本節ではこれらの症状について概説する。

表 2-3-1　アルツハイマー病（AD）とレビー小体型認知症（DLB）とパーキンソン病の相違

	AD	DLB	PDD （認知症を伴う パーキンソン病）	PD （認知症を伴わない パーキンソン病）
臨床像	・認知機能の変動はほとんどない ・幻視はほとんどない	・認知機能の変動（日内変動または数日から数ヶ月） ・具体的な幻視 ・REM 睡眠行動異常 ・日中の傾眠傾向 ・認知症の発症がパーキンソニズムの発症の一年以内（1 年ルール）*	・認知症を伴う認知症の発症に 1 年以上先行してパーキンソニズムが発症 ・Serial-7，時計描写，MMSE の図形描写，三単語想起で障害がある	・認知症は伴わない
パーキンソニズム	・ほとんどない	・PD に比べて軽度 ・安静時振戦や左右差が少ない ・姿勢反射障害や歩行障害が強い	・姿勢反射障害や歩行障害が強い	・振戦が強く出る ・姿勢反射障害や歩行障害は少ない
その他		・PDD に比べて実行機能障害が強い ・幻視や幻聴の頻度が高い ・認知症が高度だと，AD を随伴しやすい	・DLB に比べて実行機能障害は少ない	

（塚本忠：認知症を伴うパーキンソン病（PDD）とレビー小体型認知症の整理．老年精神医学雑誌，27，増刊号，1；109-114，2016より引用加筆）
*DLB の臨床診断基準改定版では以下のように定められている。DLB は認知症の発症が，パーキンソニズム発症前か発症後 1 年以内である場合に DLB とされる（1 年ルール）。一方で，PDD ではパーキンソニズムが 1 年以上認知症に先行している場合に PDD とする。両者の間に本質的な違いはなく 1 年ルールは根拠がないとする研究者もいる（日本神経学会：認知症疾患治療ガイドライン．医学書院，東京，p.297，2010）。

表 2-3-2　レビー小体型認知症（DLB）の臨床診断基準改訂版

1．正常な社会的または職業的機能に障害をきたす程度の進行性認知機能障害の存在。初期には記憶障害が目立たないこともある。また，注意や前頭皮質機能や視空間機能の障害が特に目立つこともある。

2．コア特徴（Probable DLB には 2 つが，Possible DLB には 1 つが必要）
　　a）注意や明晰さの著明な変化を伴う認知機能の変動
　　b）構築され，具体的な内容の繰り返される幻視体験
　　c）特発性パーキンソニズム

3．示唆的特徴（コア特徴が 1 つ以上ありこれが 1 つ以上あれば Probable DLB，コア症状がなくてもこれが 1 つ以上あれば Possible DLB と診断できる）
　　a）REM 睡眠行動障害
　　b）重篤な抗精神病薬への過敏性
　　c）SPECT や PET にて線条体でのドーパミントランスポータの取り込み低下

4．支持的特徴
　　a）繰り返す転倒と失神
　　b）一過性の意識障害
　　c）重篤な自律神経症状
　　d）他の幻覚
　　e）系統的な妄想
　　f）抑うつ
　　g）CT/MRI での内側側頭葉の比較的保持
　　h）SPECT/PET での全体的低血流と後頭葉の血流低下
　　i）MIBG 心筋シンチグラフィでの取り込み低下
　　j）脳波での徐波と側頭葉の一過性鋭波

5．可能性の少ないもの
　　a）局所性神経兆候や画像で裏付けられる卒中の存在
　　b）臨床像を説明しうる身体疾患や脳病変の証拠の存在
　　c）認知症が重篤な時期にパーキンソニズムのみが初めて出現した場合

6．症状の時間的連続性
　　認知症がパーキンソン症状の出現前かそれと同時に出現した場合に DLB と診断すべきであり，パーキンソン病が経過するうちに認知症が出現した場合には PDD という用語が使用されるべきである（以下，略）

（Mckeith, I., Galasko, D., Kosaka ,K., et al.: Consensus guidelines for the clinical and pathological diagnosis of dementia with Lewy bodies（DLB）; Report of the consortium on DLB international workshop. Neurology, 47; 1113-1124, 1996）

（Mckeith, I., Dokson, D., Lowe, J., et al.: Diagnosis and management of dementia with Lewy bodies. Third report of DLB consortium. Neurology, 65; 1863-1872, 2005）

⑴**変動する認知機能障害**

　認知機能の障害に関しては，比較的初期に突然認知機能が低下するといっ
た形で現れることがある（藤城，2016）。これは1995年に開催された国際ワー
クショップ（Consortium on DLB; CDLB）のガイドライン（通称 CDLB ガイドラ
イン）の改訂版の中の「認知機能の変動」に当たる（小阪，2016）。認知機能
の動揺は急速に突如起こり，数分から数時間とか，数週から数ヶ月にわたっ
て起こる。患者本人は，呆然とした時間があったとか急に眠くなった，覚え
ていない時間があるなど，覚醒時に混乱をきたしていることが多い。池田
（2010）も症状に大きな波があり，しっかりしていて一見認知症がないよう
に見える時と，同じ人かと目を疑いたくなるほど調子が悪くなる時があると
している。例えば，普通に家族と会話していた人が，次の瞬間に家族がわか
らなくなるといった症状を呈す。

　レビー小体型認知症は初期には顕著なあるいは持続する記憶障害は必ずし
も生じないとされる。初期には記憶障害は目立たず，進行性に記憶障害が認
められる。一方で，池田（2010）は目で見たものを作る能力や目で見たもの
の位置を認知する能力が低下しやすいのが特徴であるとしており，図形模写
や時計の描画が困難であったり，服の前後を間違えるといった症状をあげて
いる。

⑵**レビー小体型認知症の精神症状**（表2-3-3）

　レビー小体型認知症（DLB）では，抑うつ・意欲低下・不安・易怒性など
の症状が，初期から半数以上に認められるとしている。

　また，**幻視**を中心とした幻覚もレビー小体型認知症に特徴的な精神症状で，
中核症状である。人物・小動物・虫・火・水などがその中心で，特に人物や
小動物の幻視が多いようである。人影のようなものと表現されることもある。
例えば，「小人が床を走り回っている」といった幻視である。また，ホコリ
や影が人や虫に見える，ベッドの柵が蛇に見えるといった錯視や，ものの大

表2-3-3　レビー小体型認知症の特徴的な症状（Q-DLB9; DDQ41の中のレビー小体型
　　　　　認知症に関する項目）

項目	質問
変動	頭がはっきりしているときと，そうでないときの差が激しい
幻視	実際にいない人や動物やものが見える
同居人	誰かが家の中にいるという妄想がある
小股歩行	小股で歩く
RBD	睡眠中に大声や異常な行動をとる
転倒	転倒や失神，立ちくらみがある
便秘	便秘がある
動作緩慢	動作が緩慢になった
悲観的	悲観的である

*幻視・同居人・RBD が鑑別診断に有用
（山口晴保，中島智子，内田成香，et al: 認知症病型分類質問票41項目版（Dementia differentiation questionnaire- 41 items; DDQ 41）の試み.日本プライマリケア連合学会誌，39：29-36，2016より引用加筆）

きさが変わったり歪んだりするといった変形視も認められる。さらに，気配を感じるといった実体的意識性に近いものもある。また，藤城（2016）によると，妻の顔を他人と見間違える人物誤認や自宅にいても自宅ではないという場所誤認が見られることもあるという。これらの幻視や誤認から，他人が家の中にいるといった妄想などが生まれる場合もある。なお，これらの幻視は反復して現れ，意識清明時に起こるので，後で振り返って患者本人が具体的に内容を語ることが可能である。幻覚としてはほかに体感幻覚などもあり，「体を虫が這っている」といった訴えが聞かれることがある。

　池田（2010）は上記に加えて，注意力の低下も示しており，ぼんやりして反応が鈍く，質問に対しても素早く反応することが難しく会話に一貫性がない・話がそれるなどをあげており，これらの症状が変動すると述べている。

(3)REM 睡眠行動障害

　REM 睡眠行動障害（RBD）は骨格筋活動が低下しているはずの REM 睡

眠時に起こる。REM 睡眠時は通常全身の筋肉の緊張が低下していて，夢における行為が身体行動として現れないようになっているが，REM 睡眠障害では，夢そのままに体が動いてしまう。臨床像としては，くすくす笑いや明瞭な会話，怒鳴ったり叫ぶ，四肢を激しく動かす，ベッドパートナーを殴ったり蹴ったりするといったものが報告されている（真鍋，2016）。このようなRBD はパーキンソン病やレビー小体型認知症の発症の数年から数十年先行することが多い（藤城，2016）。池田（2010）もレビー小体型認知症では認知症状が始まる何年も前から，REM 睡眠行動障害が現れると述べている。

　なお，レビー小体型認知症ではこのほかにも様々な睡眠障害が認められ，特に日中の過眠が特徴的で，昼間何時間も寝てしまうといった症状があるとされている（池田，2010）。

(4)パーキンソン症状（表2-3-4）

　レビー小体型認知症では約半数にパーキンソン症状が認められるとされている。まず，パーキンソン症状について詳述する（日本老年精神医学会，2011）。臨床症状としては振戦[20]・筋強剛・動作緩慢の３つが主となる。第一の症状である「振戦」は，上肢または下肢から始まり左右差が見られることが多い。このような振戦は安静時（何もしていない時）に目立つことが多く，何かしようとすると止まることが多い。振戦は手足のみならず，頭頸部や口唇部に認められることもある。また，精神的な緊張によって増強する。第二の「筋強剛」は，手首によく現れるとされる。患者の手を持ってゆっくり動かすとカクカクした抵抗感を示す。日常生活では動作がぎこちなくなったり，足を引きずり気味になるなどの状態がある。なお，体幹の筋強剛は首を見るとわかる。第三の「動作緩慢」は，動作が鈍く遅くなることである。それ以外の症状としては，歩行障害があり，前傾や前屈姿勢になって小刻み歩行となる。

20）**振戦**：手や足が震える症状。左右差が見られることが多い。

表 2-3-4　パーキンソン病の重症度分類：Hoehn & Yahr の重症度分類

	症状
Ⅰ度	体の片側にのみ症状がある 症状はごく軽い
Ⅱ度	体の両側に症状がある 姿勢反射障害はない
Ⅲ度	姿勢反射障害がある
Ⅳ度	起立・歩行はなんとかできる 日常生活に介助が必要なことがある
Ⅴ度	一人で起立・歩行ができない 日常生活に介助が必要

（日本老年精神医学会編：改定・老年精神医学講座，各論．ワールドプランニング，東京，p.142，2011より引用加筆）

　また，姿勢反射では，歩いていると小刻み歩行が止まらなくなったり，なかなか足が前に出ないなどの症状が認められる。これらの症状に随伴して，表情が乏しくなったり，抑うつなどの精神症状・睡眠障害・便秘・排尿困難などが出現する。

　また，症状の日内変動も特徴的である。**Wearing-off 現象**[21]では薬効の持続が短縮したり，**on-off 現象**[22]といって，服薬に関係なく，急激に症状が変動し，突然症状が良くなったり悪くなったりする。なお，表 2-3-4 に参考としてパーキンソン病の重症度分類を示す。

(5)レビー小体型認知症の経過

　小阪（2007）は，レビー小体型認知症の初期症状について，精神病症状で始まることがあること，抑うつ・不安・心気症状で発症し，のちに認知機能

---

21) **Wearing-off 現象**：薬物の効果の持続が短縮すること。
22) **on-off 現象**：急激に症状がなくなったように良くなったり，悪化したりすること。1 日のうちに起きることもあるし，数日数ヶ月単位で起こることもある。

障害・動作緩慢・易転倒性などが加わるようになると述べている。このように，レビー小体型認知症では抑うつ症状などがもの忘れの2年から5年ほど前に先行して起こる。また，幻覚・錯視などは物忘れに先行していたり，幻視や抑うつなどのBPSDで始まった症例がかなりある。なお，藤城ら（2016）の報告によると，便秘・嗅覚障害・REM睡眠行動障害が抑うつよりも先行して起こっている。そして，記憶障害出現時にこれらの3症状のうち1つ以上の症状を呈する患者が82％にのぼったという。これらの症状も前駆症状として留意すべきかもしれない。

　また，レビー小体型認知症では，アルツハイマー病と比較して，初期から視覚認知障害とともに注意障害や構成障害などの症状が強く出現する（藤城，2016）。特に幻視は比較的認知機能が保持されている病初期から出現することが多い。

⑹その他の特徴

　レビー小体はαシヌクレインと呼ばれるたんぱく質からなっていることが解明されており，この異常がレビー小体型認知症の発生機序に関わっていることが推察される。

　また，MIBG心筋交感神経シンチグラフィ検査では，レビー小体型認知症はMIGB（メタヨードベンジルグアニジン）と呼ばれる物質が心臓に取り込まれていく状態で鑑別できることがわかっている（池田，2010）。これは自律神経障害が起こるレビー小体型認知症では全身の多くの臓器に異常が現れることと関係していると考えられる。

　さらに，レビー小体型認知症では抗精神病薬への過敏性があり，少量でも顕著なパーキンソン症状の悪化という副作用が起きやすい。パーキンソン症状はドーパミンの不足によって引き起こされるが，一方で幻覚などはドーパミンの過剰によって起こる。このことについて，池田（2010）は，パーキンソニズムと幻視などが並存するレビー小体型認知症では，ドーパミンの不足

と過剰という相反する二つの状態が脳内で同時に起こっているためと述べている。

　画像上の特徴としては，MRIやCTではアルツハイマー病に類似した画像所見となるが，PETやSPECTではアルツハイマー病に類似した所見とともに後頭葉の血流低下が特徴的であるされている（日本老年精神医学会，2011）。

第4節　前頭側頭葉変性症

　前頭側頭葉変性症（Frontotemporal Lobar Degeneration; FTLD）はいわゆるピック病を中心とした認知症である。前頭側頭葉変性症はアルツハイマー病やレビー小体型認知症と同様に脳の変性疾患である。しかし，アルツハイマー病に認められる近時記憶の障害が初期から目立つことはない。また，アルツハイマー病に頻回に認められる物盗られ妄想，レビー小体型認知症の幻視，血管性認知症の動作緩慢などは認められない（池田，2010）。

　前頭側頭葉変性症には大きく3つの認知症が含まれるとされる。第一は，行動の障害が強く出る前頭側頭型認知症（Frontotemporal Dementia; FTD）である。第二は，言葉と行動の障害が両方強く出る意味性認知症（Semantic Dementia; SD），第三は言葉の障害のみが強く出る進行性非流暢性失語（Progressive non-fluent Aphasia; PA）である。

　前頭側頭葉変性症の特徴的な画像所見としては，CTやMRIでは前頭葉・側頭葉前方部の萎縮が認められ，PETやSPECTでは前頭葉や側頭葉前方部の血流低下が認められる。

⑴前頭側頭葉変性症の歴史

　前頭側頭葉変性症の歴史は，1892から1906年にかけてPick, A.が前頭葉と側頭葉に萎縮を認めた言語障害や精神症状を呈した症例を報告したことによる（日本神経学会，2014）。1911年にはAlzheimer, A.が，ピック小体を記載

し，その後，1926年に Onari & Spatz がピック病と命名している。その後，1994年，スウェーデンの Lund と英国の Manchester のグループが合同で前頭側頭型認知症（FTD）の診断基準と神経病理学的診断基準を提案した。しかし，失語状態を示す側頭葉優位型が含まれていなかったため，1996年と1998年に Neary ら Manchester のグループが，前頭側頭型認知症（FTD）を含む上位疾患である前頭側頭葉変性症（FTLD）という概念を示した。ここで，前述した FTD と SD と PA という分類が提唱された。さらに，2001年に MacKhann らが前頭側頭型認知症（FTD）の臨床的病理学的診断基準を提唱している（日本神経学会，2014）。現在は，神経病理学的亜型の新たな命名法が Mackenzei（2009）らによって提唱されており，蓄積する異常なタウ蛋白を前頭側頭葉変性症の後につける方法も示されている。

(2)前頭側頭型認知症（FTD）の臨床像

　前頭側頭型認知症は前頭葉[23)]の機能が低下するため，様々な精神症状や行動障害が出現する（表2-4-1）。初期には物忘れは目立たず，常同行動や食行動異常で発症することが多い。特徴としては，初期から「病識の欠如」がある。さらに，「意欲の低下」が認められる。身だしなみや清潔への無関心はもちろんのこと，周囲への配慮や自分の行動の結果に対しても無関心になるため，万引きや信号無視などが起こることもある（池田，2010）。この意欲の低下は常同行動や落ち着きのなさと共存することが多い。

　加えて，前述した「常同行動」がある。例えば，同じコースを一日に何度も歩くという常同的周遊が多く認められる。しかし，記憶障害や視空間認知機能低下がないため，徘徊するということはない。他にも，常同行動として

23）**前頭葉**：反射や本能的な衝動を制御し理性的に行動する，他人の気持ちを推測する，物事を計画・実行する，興味関心を維持するといった機能がある。前頭連合野ではワーキングメモリ・プランニング・高次な情動・実行機能・社会的行動を制御している。眼窩前頭皮質では意思決定が制御されている。前頭眼野では情動や動機付けが処理されている。一次運動野・運動連合野などもあり，実行の指示が出されたり，随意運動や協調運動が制御されている。

表 2-4-1　Neary（1998）らによる前頭側頭型認知症（FTD）の臨床診断基準

性格変化と社会的行動の障害が，発症から疾患の経過を通して顕著な症候である。知覚・空間能力・行為・記憶といった道具的認知機能は正常か，比較的良好に保たれている。

Ⅰ．中核となる診断的特徴（臨床診断には全て必要）
　A．潜行性の発症と緩徐な進行
　B．社会的人間関係を維持する能力が早期から低下
　C．自己行動の統制が早期から障害
　D．感情が早期から鈍化
　E．常識が早期から喪失

Ⅱ．支持的特徴
　A．行動障害
　　1．自分の衛生や身繕いの低下
　　2．精神的硬直と柔軟性の欠如
　　3．易転導性と維持困難（飽きっぽい）
　　4．過剰摂取と食事嗜好の変化
　　5．保続と常同行動
　　6．道具の強迫的使用
　B．発語と言語
　　1．発語の変化：自発語の減少，発語の省略，言語促迫（多弁で止まらない状態）
　　2．常同的発語
　　3．反響言語
　　4．保続
　　5．無言
　C．身体兆候
　　1．原始反射
　　2．失禁
　　3．無動，筋強剛，振戦
　　4．低くて不安定な血圧
　D．検査
　　1．神経心理学的検査：高度な健忘，失語，知覚や空間的見当識障害がないのに，前頭葉機能検査では有意な障害がみられる
　　2．脳波検査：臨床的に認知症が見られるにもかかわらず，通常の脳波では正常
　　3．形態的・機能的画像検査：前頭葉や側頭葉前方部での異常が顕著

Ⅲ．FTD に共通する支持特徴
　A．65歳以前の発症。親きょうだいに同症の家族歴がある
　B．球麻痺，筋力低下と筋萎縮，筋線維束性収縮

（日本神経学会：認知症疾患治療ガイドライン．医学書院，東京，p.321，2010より転記）

48

池田（2010）が以下のような例を挙げている。例えば，同じメニューばかり調理したり食べたり，同じ話や言葉を脈絡に関係なく話すと言った滞続言語，日々の行動を毎日全く同じように同じ時刻に繰り返す時刻表的生活などである。これらの常同行動を遮ろうとすると暴力が出現することもあり，介護や看護を難しくするとされている。さらに症状が進行すると，膝を手で摩り続けたり，手をパチパチと叩いたりする単純な常同行動が認められるようになる。

　また，「我が道を行く行動」が出現する。前述した社会的ルールの遵守が難しくなり，抑制の外れた行動が認められるようになる。さらに，「食行動の異常」が現れる。特に前頭側頭型認知症（FTD）では，過食・食嗜好の変化・常同的食行動が90％以上に認められる。症状が進むと，何でも口に入れようとしたり，食べられない物を食べようとする異食が出現する。

　「被影響性の亢進」では周囲からの刺激を容易に受けるようになる。目の前の人の仕草をそのまま真似したり，何かの文句につられて歌い出したり，目に入った道具を使い出すといった行動が認められる。このことから生じて，一つの行為を続けられなくなり，突然その場からいなくなるといった立ち去り行動が認められるようになる。

⑶意味性認知症（SD）の臨床像

　意味性認知症は側頭葉の前方が障害されるためにおこる。**語義失語**[24]と言われる「物の名前がわからなくなる」「言葉の意味がわからなくなる」「物の名前を聞いてもその意味がわからない」といった症状が出現する。日用品を見ても意味が理解できなかったりする。初期には言葉の意味がわからなくなったり，人の顔がわからなくなったりする。よって，アルツハイマー病と間違われる場合もある。

---

24) **語義失語**：内容語の想起と理解，漢字処理能力が障害される一方，復唱能力と仮名および数処理能力が保存される。音韻機能は保たれ，意味処理能力が低下する失語症状（小森，2009）。

⑷進行性非流暢性失語（PA）の臨床像

　進行性非流暢性失語は，なめらかに話すことができなくなる症状で始まり，やがて言葉や文章の意味理解が難しくなる。しかし，その他の認知症症状は目立たず，行動障害も軽度である。

第 5 節　軽度認知障害

　高橋（2010）や羽生（2011）は，認知症と高齢者に認められる記憶障害の違いについてまとめている。それによると，Karl が高齢者に認められる記憶障害は非進行性で部分的であるとして，「**良性健忘**」（benign senescent forgetfulness）という概念を提唱している。その後，National Institute of Mental Health による **AAMI**[25]（age-associated memory impairment）が出されたが，これも良性健忘に近い概念であった。しかし，AAMI の中からアルツハイマー病に移行する群があることがしだいに明らかになってきた。

　これらを受けて，Petersen は「物忘れの訴えがある。日常生活の保持。正常な全般的知能。加齢を超えた記憶障害，認知症は認められない」という特徴を示す群の中で，10-15％程度がアルツハイマー病を発症したことを根拠に，「**軽度認知障害；mild cognitive impairment（MCI）**」という概念を提唱した。その後，軽度認知障害（MCI）に関するガイドライン（2004）が示され，軽度認知障害のサブタイプとして記憶障害を有する「**aMCI**（Amnestic MCI）」と記憶障害を有さない「Non-aMCI（Non-amnestic MCI）」に分類された（図 2-5-1 を参照）。

　この中で，どのサブタイプが認知症への移行の予測因子になるかは議論が分かれている。例えば，Goteborg の研究では「Multiple Domain aMCI」がアルツハイマー病移行への予測因子としては有効であったとされている。また，血管性認知症などへの移行の予測因子は「Multiple Domain aMCI」と

---

25)　**AAMI**：age-associated memory impairment。加齢関連性記憶障害。健常高齢者に生じる記憶障害の状態を指す。

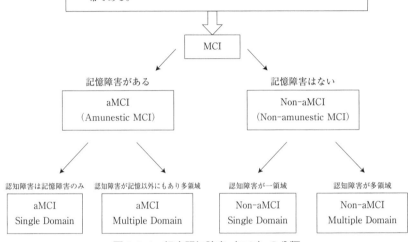

図2-5-1　軽度認知障害（MCI）の分類

（羽生春夫：初期診断（MCIを含む）．日本内科学会雑誌，100(8)：2109-2115，2011より引用加筆）

血管障害であった。しかし，引用されている Fisher らの研究では，「Multi-ple Domain Non-amnestic MCI（non-aMCI）」からも高率にアルツハイマー病に移行している。羽生（2011）はアルツハイマー病への移行が最も多いのは aMCI であるとしており，Non-aMCI からはレビー小体型認知症や前頭側頭型認知症への移行が推定されるとしている。また，血管性認知症（Vas-cular Dementia: VD）については，aMCI と Non-aMCI の両方からの移行が推察されるとしている。なお，軽度認知障害からの convert 率は研究によって結果が分かれている。Petersen らは年間10-15%程度の convert 率としているし，Farias らはクリニック受診患者では年間13%，住民検診では3％であるとしている。

　軽度認知障害では，周囲が気づかないうちに物忘れを自覚し，高率に易怒性・抑うつが示され，軽度認知障害の段階から認知症に認められる行動心理症状（BPSD）があらわれる。高橋（2010）は Geda の研究を引用して，軽度認知障害において抑うつ・意欲低下などの行動心理症状（BPSD）が健常群に比べて高率に認められるとしている。さらに，軽度認知障害に合併することが多い症状として，アパシーがあげられている。

　羽生（2011）は，aMCI の中でアルツハイマー病に移行する際の前駆的な症状として，時間見当識・言語の理解困難・実行機能障害・不安や抑うつやアパシーといった精神症状をあげている。特にアパシーは認知症を合併する予測因子となりうる可能性がある。高橋（2010）は Palmer の研究を引用し，アパシーを合併する軽度認知障害群は非合併群と比べて，7倍のアルツハイマー病移行リスクがあったとしている。さらに，Vicini の引用では，アパシーの合併はオッズ比7.07で認知症移行への有意な危険因子であったとしている。さらに，神経心理学検査での遅延再生の低得点は特徴的であるとしている。また，病識では，約30％の患者に病識の低下が認められ，SPECT の所見で頭頂側頭葉や後部帯状回での血流低下（アルツハイマー病の血流低下と一致）が認められる群では，病識低下例が多いとしている。さらに，学習効果が低下し，ウェクスラー記憶検査（WMS-R）を1週間の間隔で2回実施したところ，学習効果がなくスコアの低下が認められたとしている。加えて，日常生活動作（Activity of Daily Living; ADL）では，基本的 ADL（B-ADL）は保持されるが，手段的 ADL（I-ADL）は軽微な障害の兆候が認められ，I-ADL の障害は aMCI から認知症への予測につながるとの報告を紹介している。具体例として，書類の管理や作成・調理等・買い物などで介助を要したという報告も紹介されている。

第6節　老年期の抑うつ障害

　老年期において，抑うつ障害と認知症の鑑別はとても困難であるとされて

いる。橋本（2015）はその理由として「認知症に伴う意欲・活動性低下がう
つ病のそれと混同されやすいこと」「認知症の，特にその初期にはうつを合
併しやすいこと」「高齢者のうつ病では，うつ病そのものよりも認知機能低
下が生じる可能性があること」「うつ病を前駆症状とする認知症があること」
をあげている。

　しかし，抑うつ障害患者の半数近くがMMSEで27点以上の高得点を示し
ており，老年期の抑うつ障害患者が必ずしも認知機能低下を示すわけではな
い（橋本，2015）。また，認知症と抑うつ障害は認知機能の低下パターンに差
があり，認知症では記憶障害が前景に立つのに対して，抑うつ障害では注意
や実行機能が低下しやすいことが報告されている。例えば，MMSEでは，
抑うつ障害の場合，注意集中力低下からSerial-7の項目での失点が多い。
一方で，軽度認知障害（MCI）では，想起（遅延再生）の低下が認められ，近
時記憶障害を早くから反映する。

　なお，近年の研究により，認知症と抑うつ障害が高率に合併することや，
抑うつ障害が認知症のリスク因子であることから，老年期の抑うつ障害と認
知症は共通の神経基盤を持つスペクトラムであるという考え方も提唱され始め
ている（橋本，2015）。

　抑うつ障害（表中ではうつ病と表記）とアルツハイマー病の鑑別については，
表2-6-1に示す。

第7節　神経認知障害の概説

　2013年に刊行されたDSM-5（Diagnostic and Statistical Manual of Mental Disorders, Fifth Edition）では，認知症に相当する概念として，**神経認知障害**
（Major Neurocognitive Disorders: NCD）と，軽度認知障害（MCI）に相当する
Mild NCDという概念が出てきている。日本語訳では，これまでDementia
の訳語として使用されてきた「認知症」という呼称が「**Major Neurocognitive Disorders（NCD）**」の対訳として使用されている。また，Mild Cogni-

表 2-6-1　抑うつ障害とアルツハイマー病の鑑別

	アルツハイマー病	抑うつ障害
発症	緩徐	緩徐なことが多い
1 日の経過	安定している	あまり変化はない
持続期間	永続的	数週間から数ヶ月
初発症状	記銘力低下	抑うつ症状・心気症状
意識状態	晴明	晴明
注意力	正常	変動は少ないが低下
認知力	全般的にゆっくり低下	あまり変化はない
気分	抑うつ的なこともある	一貫して抑うつ的
幻覚	ないことが多い	ないことが多い
妄想	ないことが多い（物盗られ妄想？）	微小妄想，心気妄想など
見当識	時間・場所・人物の順に障害	あまり変化はない
精神運動機能	通常は正常	精神運動機能抑制がある
会話	言葉が出ない・あるいは保続状態	通常は可能
不随意運動	通常認めない	通常認めない
身体疾患	通常認めない	通常認めない
薬物の関与	まれ	まれ
脳波	徐波化傾向	大きな異常は認めない

（日本老年精神医学会編：改定・老年精神医学講座，各論．ワールドプランニング，東京，p. 25，2011 より抜粋引用）

tive Impairment の訳語として使用されてきた「軽度認知障害」という呼称が，Mild Neurocognitive Disorders（Mild NCD）の対訳として使用されている。

　神経認知領域としては，以下の 6 つが挙げられている。いわゆる認知症を診断する際には，これらの神経認知領域が判断の基準となる。神経認知領域の詳細については表 2-7-1，表 2-7-2 に示す。神経認知領域の第一は「複雑性注意」で，この中に持続性注意，分配性注意，選択制注意，処理速度が含まれる。第二は「実行機能」で，計画性，意思決定，ワーキングメモリ，フィードバック／エラーの訂正応答，習慣無視／抑制，心的柔軟性が含まれる。第三は「学習と記憶」で，即時記憶，近時記憶（自由再生，手がかり再生，再認記憶），長期記憶（意味記憶，自伝的記憶），潜在学習が含まれている。第四

は，「**言語**」で表出性言語（呼称，換語，流暢性，文法，構文）と受容性言語が含まれている。第五は「**知覚－運動**」で，視知覚，視覚構成，知覚－運動，実行，認知を含むとされている。第六は「**社会的認知**」で，情動認知と心の理論が含まれている。これらの領域について，重症なのか軽度なのかを判定する。『DSM-5 精神疾患の分類と手引き』にはそれぞれの定義や症状や所見の具体例，評価の例が示されている（表 2-7-2，表 2-7-3）。

　いわゆる認知症の診断基準としては，上記に示した 6 つの認知領域のうち 1 つ以上において，以前の行為水準から有意な認知の低下があることが挙げられている。この低下については，主観的評価と客観的評価の両方が求められている。主観的評価とは，本人または本人をよく知る家族等や臨床家からの情報による評価である。一方，客観的評価とは，標準化された神経心理学的検査を中心とした評価に基づく低下である。客観的評価については，第三章にて概説する。加えて，日常生活において，認知領域の低下や欠損が生活の自立を妨げている場合に「認知症」と診断される。

　「軽度認知障害」では，6 つの認知領域のうち 1 つ以上において，以前の行為水準から認知の低下があることは認知症の診断と同じであるが，その程度が軽度であると示されている。また，軽度認知障害では，認知領域の低下や欠損によって，日常生活の自立が阻害されていないとなっている。

表 2-7-1　DSM-5 における神経認知領域（筆者が加筆）

認知領域	症状や所見の例
複雑性注意 　持続性注意 　分配性注意 　選択性注意 　処理速度	重度： (1)テレビやラジオ，会話など，複数の刺激がある環境で困難が増す。 (2)競合する出来事のある環境で，すぐに気が散る。 (3)一つのことに限定，あるいは単純化しないと注意をすることができない。 (4)今，言われた電話番号や住所を思い出すことができない。 　新しい情報を保持するのが困難である。 (5)暗算ができない。 (6)思考に時間がかかる。

	思考処理する内容を 1 つまたは 2, 3 個に単純化しないと処理できない。 軽度: (1)通常の作業が以前より長くかかる。 (2)日常的な作業の中で誤りが見つかるようになる。 (3)作業において,以前より再確認することが増えた。 (4)テレビ・ラジオ・会話・携帯電話・運転など,他の刺激がない時の方が考えやすい。
実行機能 　計画性 　意思決定 　ワーキング 　　メモリ 　フィードバック 　　／エラーの訂 　　正応答 　習慣無視／抑制 　心的柔軟性	重度: (1)複雑な計画になるとやめてしまう。 (2)一度に一つの作業しか集中できない。 (3)日常生活における計画や意思決定をするのに,他者の助けが必要である。 軽度: (1)いくつかのステップを踏む計画を行う際に,努力が必要である。 (2)複数の処理を必要とする作業が困難になる。 　人が来たり電話によって中断した作業を再開することが難しい。 (3)整理・計画・意思決定に努力を要するため,疲れたと言うことが増える。 (4)会話の変化についていくために努力が必要となり,大人数が集まる会合では以前ほど楽しめなくなる。
学習と記憶 　即時記憶 　近時記憶 　　自由再生 　　手がかり再生 　　再認記憶 　長期記憶 　　意味記憶 　　自伝的記憶 　潜在学習	重度: (1)会話の中で同じ内容を繰り返す。 (2)買い物リストや 1 日の予定を思い出すことができない。 (3)作業を正しく行うために手がかりが必要である。 軽度: (1)最近の出来事を思い出すのに苦労し,リストを作成したりやカレンダーに書き込むことが増える。 (2)映画や小説の登場人物を覚えておくために,見直したり読み直したりすることが増える。 (3)時々,同じ人に同じ話をする。 (4)支払いをしたかどうかが思い出せない。
言語 　表出性言語 　　呼称 　　換語 　　流暢性 　　文法	重度: (1)言語の表出にも受容にも著しい困難がある。 (2)しばしば,「あれ」とか「なにを言いたいかわかっているよね」と言い,物の名前ではなく代名詞を使う。 (3)親しい友人の名前や家族の名前が思い出せない(言えない)。 (4)独特の言い回しをしたり,文法的な誤りが起こる。

構文 受容性言語	自発言語の減少。 ⑸常同的言語が起こる。 ⑹反響言語や自動言語が起こる。 軽度： ⑴換語困難が目立つ。 ⑵特定の用語を一般的な言葉で代用する。 ⑶面識のある人を名前で呼ぶことを避ける。 ⑷前置詞・助動詞などの微妙な省略や不正確な使用といった文法の 　誤りがある。
知覚－運動 　視知覚 　視覚構成 　知覚－運動 　実行 　認知	重度： ⑴使い慣れた道具が使えなくなったり，自動車の運転ができなくな 　るなど，やり慣れた活動が著しく困難になる。 　慣れた環境での移動が困難になる。 ⑵影や明るさの低下によって知覚が変化するため，夕暮れ時になる 　とさらに混乱する。 軽度： ⑴ある場所への経路について，地図などに頼る必要が出てくる。 ⑵行ったことがない場所に行くために，書いたものを利用したり他 　人に尋ねる必要がある。 ⑶集中していないと道に迷う。 ⑷駐車が以前より正確でなくなる。 ⑸大工仕事・組み立て・縫い物・編み物のような空間作業に努力が 　必要になる。
社会的認知 　情動認知 　心の理論	重度： ⑴社会常識から明らかに逸脱した言動がある。 　服装の節度，会話における政治的・宗教的・性的な話題に無神経 　になる。 ⑵他の人が関心を持っていなくても，あるいは直接指摘しても一つ 　の話題ばかり続ける。 ⑶周りの人への配慮をせずに行動する。 ⑷安全を考えずに行動する。 ⑸上記の行動について，病識がない。 軽度： ⑴行動や態度の微妙な変化から，社会的な手がかりを認識すること 　が難しくなる。 　顔の表情から相手の意図を読み取ることが難しくなる。 ⑵共感の減少。 ⑶外向性または内向性の増加。 ⑷抑制が難しくなる。

(5)軽微な，あるいは一時的なアパシー。
(6)落ち着きのなさ。
(7)上記はしばしばパーソナリティ変化として捉えられる。

（高橋三郎，大野裕：DSM-5，精神疾患の分類と診断の手引き．医学書院，東京，2014より引用加筆）

表 2-7-2　DSM-5における神経認知領域のキーワード一覧（筆者が加筆）

認知領域	キーワード	解説
複雑性注意	持続性注意	一定時間の注意を維持する能力 例）一定時間，音がするたびにボタンを押す
	選択性注意	競合刺激または注意阻害因子がある中での注意を維持する能力 例）数字と文字が読み上げられるのを聞きながら数字だけを数える
	分配性注意	同時に二つの作業を行う能力 例）読まれている物語を覚えながら素早くタッピングする
	処理速度	課題に対してどの程度の時間がかかるか 例）積み木を組み立てるのに要する時間 　　記号と数を合わせる時間 　　数を数える速度 　　連続して3の引き算をする速度
実行機能	計画性	例）迷路の出口を見つける 　　連続している絵や対象物の配置を説明する
	意思決定	競合する選択肢がある時の決定の過程
	ワーキングメモリ	短時間情報を保持し，かつそれを操作する能力 例）数字のリストを足していく 　　逆唱
	フィードバック／エラーの利用	問題を解くためのルールを探すため，フィードバックして情報を得る能力
	習慣無視／抑制	正解するために，いつも使っている方法をやめてみたり，つい出てしまう答えを抑制する能力 例）書かれている文字を読むのではなく，文字の色を答える

58

	心的／認知の柔軟性	二つの概念・課題・応答のルールなどを変えることのできる能力 例）回答の仕方を数字から文字に変える 　　回答の仕方を文字からキーを押すことに変更する 　　数字の足し算から，数字の順序を答えることに変更する 　　大きさの順序による並び替えから色による並び替えに変更する
学習と記憶	即時記憶	言葉または数字のリストを繰り返して言う
	近時記憶	新しい情報を記銘する (1)自由再生：出来るだけ多くの言葉や図形，物語の構成要素を思い出させる (2)手がかり再生：意味的な手がかりを与えて再生を促す 　例）「リストにあった食べ物を全部言ってください」 　　　「物語に出てきた子供の名前を全部言ってください」 (3)再認：特定の項目について尋ね，答えさせる 　例）「リストの中にりんごはありましたか」 　　　「この図形を見ましたか」
	意味記憶	事実に関する記憶，辞書的な記憶 例）りんごは赤くて果物である
	自伝的記憶	個人的な出来事や人物の記憶
	潜在学習（手続き記憶）	手続き記憶：体で覚えた記憶 例）自転車に乗る
言語	表出性言語	(1)直面呼称：物や写真の名前を言う (2)流暢性：関連する言葉をできるだけたくさん言う 　例）「動物の名前をできるだけたくさんあげてください」 　　　「"は"で始まる言葉をたくさんあげてください」
	文法や構文	前置詞や助動詞を正確に使用する能力
	受容性言語	言葉を理解する能力 例）言語指示に従って動作を行う 　　ある言葉の定義で正しいものを指す 　　ある言葉を示す対象物を指す

知覚―運動	視知覚	(1)線分二等分課題などによって示される視覚欠損・注意無視などの障害がないか (2)図形を識別する能力 (3)図形を組み合わせる能力 (4)相貌認知を含む知覚課題 　　例）三次元で描かれた絵が実際にありうるかを判断する
	視覚構成	手と目の協調運動を必要とする組み立て 例）描画，模写，積み木の組み立て
	知覚―運動	知覚を意図的動作と組み合わせる能力 例）穴の空いた板に素早く釘を差し込む
	実行	身振りを模倣する能力 例）さようならと手を振る 　　指定した内容をパントマイムで表す 　　「金槌をどのように使うのかやって見せてください」
	認知	気づきと認識を知覚的に統合する能力 例）顔と認識する 　　色を認識する
社会的認知	情動認知	正と負と両方の情動を表す様々な顔の表情において，情動を識別する能力
	心の理論	他人の精神状態（思考・欲求・意図）や体験を類推する能力 例）物語のカードを用いて，「どこで女の子はバッグをなくしたと考えますか」「なぜ男の子は悲しいと感じるのですか」といった質問に答える

（高橋三郎，大野裕：DSM-5，精神疾患の分類と診断の手引き．医学書院，東京，2014）

表 2-7-3　DSM-5 における認知症

A．一つ以上の認知領域（複雑性注意，実行機能，学習および記憶，言語，知覚―運動，
　社会的認知）において，以前の行為水準から<u>有意な</u>認知の低下があるという証拠が
　以下に基づいている。
　⑴本人，本人をよく知る情報提供者，または臨床家による<u>有意な</u>認知機能の低下が
　　あったという懸念
　⑵標準化された神経心理学的検査によって，それがなければ他の定量化された臨床
　　的評価によって記録された，<u>実質的な</u>認知行為の障害
B．毎日の活動において，認知欠損が自立を<u>阻害する</u>（すなわち最低限，請求書を支払
　う，内服薬を管理するなどの，複雑な手段的日常生活動作に<u>援助を必要とする</u>）。
C．その認知欠損は，せん妄の状況でのみ起こるものではない。
D．その認知欠損は，他の精神疾患によってうまく説明されない。

---

*下線部は軽度認知障害と異なる部分
（高橋三郎，大野裕：DSM-5，精神疾患の分類と診断の手引き．医学書院，東京，2014）

表 2-7-4　DSM-5 の軽度認知障害

A．一つ以上の認知領域（複雑性注意，実行機能，学習および記憶，言語，知覚―運動，
　社会的認知）において，以前の行為水準から<u>軽度な</u>認知の低下があるという証拠が
　以下に基づいている。
　⑴本人，本人をよく知る情報提供者，または臨床家による<u>軽度の</u>認知機能の低下が
　　あったという懸念
　⑵標準化された神経心理学的検査によって，それがなければ他の定量化された臨床
　　的評価によって記録された認知行為の<u>軽度の</u>障害
B．毎日の活動において，認知欠損が自立を<u>阻害しない</u>（すなわち，請求書を支払う，
　内服薬を管理するなどの，複雑な手段的日常生活動作は保たれるが，<u>以前よりも大
　きな努力，代償的方略，または工夫が必要であるかもしれない</u>）。
C．その認知欠損は，せん妄の状況でのみ起こるものではない。
D．その認知欠損は，他の精神疾患によってうまく説明されない。

---

*下線部は認知症と異なる部分
（高橋三郎，大野裕：DSM-5，精神疾患の分類と診断の手引き．医学書院，東京，2014）

表2-7-5　DSM-5におけるアルツハイマー病による認知症，またはアルツハイマー病による軽度認知障害

A．認知症または軽度認知障害の基準を満たす。
B．1つまたはそれ以上の認知領域で，障害は潜行性に発症し緩徐に進行する（認知症では，少なくとも2つの領域が障害されなければならない）。
C．以下の確実なまたは疑いのあるアルツハイマー病の基準を満たす。

〈認知症〉
確実なアルツハイマー病は，以下のどちらかを満たした時に診断されるべきである。
そうでなければ疑いのあるアルツハイマー病と診断されるべきである。
(1)家族歴または遺伝子検査から，アルツハイマー病の原因となる遺伝子変異の証拠がある。
(2)以下の3つ全てが存在している。
　(a)記憶，学習，および少なくとも1つの他の認知領域の低下の証拠が明らかである（詳細な病歴または連続的な神経心理学的検査に基づいた）。
　(b)着実に進行性で緩徐な認知機能低下があって，安定状態が続くことはない。
　(c)混合性の病因の証拠がない（すなわち，他の神経変性または脳血管疾患がない。または認知の低下をもたらす可能性のある他の神経疾患，精神疾患，または全身性疾患がない）。

〈軽度認知障害〉
確実なアルツハイマー病は，遺伝子検査または家族歴のいずれかでアルツハイマー病の原因となる遺伝子変異の証拠があれば診断される。
疑いのあるアルツハイマー病は，遺伝子検査または家族歴のいずれにもアルツハイマー病の原因となる遺伝子変異の証拠がなく，以下の3つ全てが存在している場合に診断される。
(1)記憶および学習が低下している明らかな証拠がある。
(2)着実に進行性で緩徐な認知機能低下があって，安定状態が続くことはない。
(3)混合性の病因の証拠がない（すなわち，他の神経変性または脳血管疾患がない。または認知の低下をもたらす可能性のある他の神経疾患，精神疾患，または全身性疾患がない）。

＊下線部は認知症と軽度認知障害とで異なる部分
（高橋三郎，大野裕：DSM-5，精神疾患の分類と診断の手引き．医学書院，東京，2014）

表2-7-6　DSM-5における血管性認知症, または血管性軽度認知障害

A. 認知症または軽度認知障害の基準を満たす。
B. 臨床的特徴が以下のどちらかによって示唆されるような血管性の病因に合致している。
　(1)認知欠損の発症が1回以上の脳血管性発作と時間的に関係している
　(2)認知機能の低下が複雑性注意（処理速度を含む）および前頭葉性実行機能で顕著である証拠がある。
C. 病歴, 身体診察, および／または神経認知欠損を十分に説明できると考えられる神経画像所見から, 脳血管障害の存在を示す証拠がある。
D. その症状は, 他の脳疾患や全身性疾患ではうまく説明されない。

確実な血管性性神経認知障害は以下の1つがもしあれば診断される。そうでなければ疑いのある血管性神経認知障害と診断すべきである。

〈確実な血管性神経認知障害〉
(1)臨床的基準が脳血管性疾患によるはっきりとした脳実質の損傷を示す<u>神経画像的証拠</u>によって支持される。
(2)神経認知症候群が<u>1回以上の記録のある脳血管性発作</u>と時間的に関係がある。
(3)臨床的にも遺伝的にも脳血管性疾患の証拠がある。

〈疑いのある血管性神経認知障害〉
臨床的基準には合致するが神経画像が得られず, 神経認知症候群と<u>1回以上の脳血管性発作</u>との時間的な関連が確証できない場合に診断される。

*下線部は確実な血管性神経認知障害と疑いとで異なる部分
（高橋三郎, 大野裕：DSM-5, 精神疾患の分類と診断の手引き. 医学書院, 東京, 2014）

表2-7-7　DSM-5におけるレビー小体病を伴う認知症，またはレビー小体病を伴う軽度認知障害

A．認知症または軽度認知障害の基準を満たす。
B．その障害は潜行性に発症し緩徐に進行する。
C．その障害は確実なまたは疑いのあるレビー小体病を伴う神経認知障害の中核的特徴および示唆的特徴の両方を満たす。
　　〈確実なレビー小体病を伴う認知症または軽度認知障害〉
　　2つの中核的特徴，または1つ以上の中核的特徴と1つの示唆的特徴をもつ。
　　〈疑いのあるレビー小体病を伴う認知症または軽度認知障害〉
　　1つだけ中核的特徴，または1つ以上の示唆的特徴をもつ。
　　(1)中核的な診断的特徴
　　　(a)認知の動揺性とともに著しく変動する注意および覚醒度
　　　(b)よく形作られ詳細な，繰り返し出現する幻視
　　　(c)認知機能の低下の進展に続いて起こる自然発生的なパーキンソニズム
　　(2)示唆的な診断的特徴
　　　(a)レム睡眠行動障害の基準を満たす
　　　(b)神経遮断薬に対する重篤な過敏性
D．その障害は脳血管疾患，他の神経変性疾患，物質の作用，または他の精神疾患，神経疾患，全身性疾患ではうまく説明されない。

（高橋三郎，大野裕：DSM-5，精神疾患の分類と診断の手引き．医学書院，東京，2014）

表2-7-8　DSM-5における前頭側頭型認知症，または前頭側頭型軽度認知障害

A．認知症または軽度認知障害の基準を満たす。
B．その障害は潜行性に発症し緩徐に進行する。
C．(1)または(2)
　　(1)行動障害型
　　　(a)以下の行動症状のうち，3つまたはそれ以上
　　　　1．行動の脱抑制
　　　　2．アパシーまたは無気力
　　　　3．思いやりの欠如または共感の欠如
　　　　4．保続的，常同的または強迫的／儀式的行動
　　　　5．口唇傾向および食行動の変化
　　　(b)社会的認知および／または実行能力の顕著な低下
　　(2)言語障害型
　　　(a)発話量，換語，呼称，文法，または語理解の形における言語能力の顕著な低下
D．学習および記憶および知覚―運動機能が比較的保たれている。
E．その障害は脳血管疾患，他の神経変性疾患，物質の作用，または他の精神疾患，神経疾患，全身性疾患ではうまく説明されない。

（高橋三郎，大野裕：DSM-5，精神疾患の分類と診断の手引き．医学書院，東京，2014）

第2章　参考文献

朝田隆：厚生労働科学研究費補助金（長寿科学総合研究事業）総合研究報告書，認知症の実態把握に向けた総合的研究．2011

朝田隆：認知症有病率調査から見えた現状と課題．老年精神医学雑誌，26（増刊1）；27-32，2015

藤城弘樹：レビー小体認知症とアルツハイマー病／血管性認知症との鑑別診断．老年精神医学雑誌，27（増刊1）；96-102，2016

羽生春夫：初期診断（MCIを含む）．日本内科学会雑誌，100(8)；2109-2115，2011

橋本衛：精神疾患との鑑別を中心に．老年精神医学雑誌，26（増刊1）；47-54，2015

日本老年精神医学会編：老年精神医学講座，総論．ワールドプランニング，東京，p.62，p.137，p.117，2011

日本老年精神医学会編：改訂・老年精神医学講座；各論．ワールドプランニング，東京，p.16，p.35，p.38-42，p.138，2011

日本神経学会：認知症疾患治療ガイドライン．医学書院，東京，2014

堀宏治：記憶の神経心理学的評価法．老年精神医学雑誌，23(2)；229-233，2012

池田学：認知症，中公新書．中央公論新社，東京，2010

加藤伸勝：Minor Text Book 精神医学第9版．金芳堂，東京，2002

小森憲治郎：Semantic Dementia と語義失語．高次機能研究，29(3)；328-336，2009

小阪憲司：レビー小体型認知症の初期．朝田隆編：認知症に先手を打つ，軽度認知障害（MCI）．中外医学社，東京，p.264-268，2007

小阪憲司：レビー小体型認知症の治療をめぐって．老年精神医学雑誌，27（増刊1）；120-125，2016

厚生労働省：認知症高齢者の日常生活自立度Ⅱ以上の高齢者数について．2010

厚生労働省：社会保障審議会介護保険部会，認知症有病率等調査について，都市部における認知症有病率と認知症の生活機能障害への対応．（厚生労働科学研究，筑波大学朝田教授）．2013

厚生労働省：社会保障審議会介護保険部会，認知症施策の推進．2016

真鍋雄太：レビー小体型認知症の非運動症状．老年精神医学雑誌，27（増刊1）；133-140，2016

目黒謙一：認知症早期発見のための CDR 判定ハンドブック．医学書院，東京，p.26-27，2011

長濱康弘：BPSD の初期症状．老年精神医学雑誌，26（増刊1）；40-46，2015

中川賀嗣：アルツハイマー病における失行・失認症状のバリエーション．老年精神医

　　学雑誌，24（増刊 1 ）；71-78，2013

小原知之，清原裕，神庭重信：地域高齢住民における認知症の疫学，久山町研究．九
　　州神経精神医学，60(2)；83-91，2014

岡本夏木，清水御代明，村井潤一監修：発達心理学辞典．ミネルヴァ書房，京都，
　　p. 48，1996

高橋智：軽度認知障害（MCI）の臨床．医学のあゆみ，235(6)；673-678，2010

塚本忠：認知症を伴うパーキンソン病とレビー小体型認知症の整理．老年精神医学雑
　　誌，27（増刊 1 ）；109-114，2016

櫻井孝：認知症の基礎とケア．日本音楽療法学会東海支部紀要，5；1-10，2016

第3章　老年期の心理査定
―システマティック・レビューの方法を用いた検討―

第1節　高齢化社会に関する現状分析

　本邦では，急速な少子高齢化に伴い高齢者の人口に占める割合が高くなっている。総務省統計局のホームページ（http://www.stat.go.jp）によると，65歳以上の人口は3588万人（令和元年9月15日現在）で総人口に占める割合は28.4%となり過去最高となっている。

　第2章に示した新オレンジプランの中では，具体的な施策の一つとして「認知症の容態に応じた適時・適切な医療・介護等の提供」が示されている。早期診断・早期対応とともに認知症の容態に応じてサービスを提供することが重要であると考えられる。このような早期診断や適切なサービスの提供には認知症の状態把握が必要になってくる。状態把握には，認知機能検査を含む心理学的検査（心理査定）の実施が第一選択として行われる。日本老年精神医学会（2011）によると，高齢の患者が来院した際には「初診→病歴の聴取（現病歴・既往歴・家族歴）→身体所見（体温・脈拍・血圧・呼吸など）→神経学的検査（運動麻痺・反射・振戦・知覚障害など）→仮の診断→神経心理学検査→生化学検査→画像検査（頭部CT・MRI・SPECT・PET）→生理学検査（脳波など）→確定診断」となっている。この流れを鑑みると，主治医が仮の診断を下したのちに，まずはじめに行うのが心理学的検査であり，そこでのスクリーニングの結果や所見を踏まえて，患者の身体的・経済的負担を伴う詳細な生化学的検査や画像検査へと進むことになる。心理学的検査がいかに重要な位置を占めるかが明らかであろう。

　加えて，2011年に改定された **NINDS-ADRDA**（National Institute of Neurological and Communicative Disorders and Stroke and the Alzheimer's Disease and Related Disorders Association) のアルツハイマー病の診断基準においても，客観的認知評価つまり精神状態検査や神経心理学的検査の必要性が示唆されていて，心理学的検査が診断に必須であるとされている（杉下，2011）。

さらに，運転免許更新でも心理学的検査が必要とされてきている。現在，高齢者による交通事故の増加に対応して，75歳以上の高齢者は免許更新（3年に一度）の際，認知機能を調べる時間見当識・手がかり再生・時計描画という簡便な検査が義務づけられている。この検査の結果，認知機能のうち記憶力・判断力が「低くなっている（認知症のおそれがある）」「少し低くなっている（認知機能低下のおそれがある）」「心配がない」の3段階で判定される。そして，改正案で認知機能の低下があるとされた高齢者は，医師の診断書提出を義務付けられることになった。また，認知症と診断された場合は免許の取り消し又は停止となる。医師の診断の際にも，まずは心理学的検査の中で認知機能検査を実施することになる。

このような状況を鑑みると，認知症高齢者の状態を把握するための心理学的検査について論ずることが必要不可欠であると考察される。心理学的検査としては表3-1-1に示されるような検査が用いられている。しかし，本邦において，高齢者の心理学的検査に関する研究結果の総括が詳細になされた研究論文は少ない。そこで本章では，高齢者の心理学的検査に関する代表的な最新の先行研究を選定し，特に認知症検査における有用性を明らかにすることを目的とする。

表 3-1-1　老年期に用いられる心理査定

心理査定名	略称	種類	作成者	概要
ベントン視覚記銘検査	BVRT	神経心理学検査	Benton	5歳から成人まで用いることが出来る。「視覚記銘」「視覚構成」「視覚認知」「視空間視覚」を見るため，10枚のカードを模写する。正確数と間違った数を採点する。カードを提示する時間，即時再生なのか模写なのか，後で再生なのかなどによって4種の実施方法がある。ゆがみ，省略，保続，

				回転，置き違い，大きさの誤りなどの観点を用いる。脳器質障害を判定する。
ベンダーゲシュタルトテスト	BGT	視空間認知検査・投影法検査	Bender	ゲシュタルト心理学者の Wertheimer のデザイン図と Bender 自身が考案した9枚の図形を，1枚ずつ被験者に渡し，全てを1枚の紙に模写させる。ゲシュタルト機能，知能，心理的な障害，脳機能障害，パーソナリティなどを類推することができる。採点法には11歳以上を対象としたパスカル・サッテル法，5から10歳の児童を対象としたコピッツ法がある。
時計描画法検査	CDT	視空間認知検査	Shulman・Feinstein	Command CDT では，Aサイズの紙に，「時計の絵を描いてもらいます。時計の数字を全て書き込んで，11時10分を示す時計の絵を描いてください」と教示する。Command CDT では頭頂葉・後頭葉の視空間認知を測定できる。また時計の概念把握から側頭葉を，描画方略からは前頭葉機能を類推できる。一方，Copy CDT では，あらかじめ11時10分を指した時計の絵を提示し，「これと同じ時計の絵を描いてください」と教示する。Copy CDT では頭頂葉や側頭葉の視空間認知を類推できる。また，エラーが生じた際にエラーに気づき修正できるかといったモニタリング機能から島皮質領域の機能を類推できる。盤面の構成（0-2点），数字の存在と連続性（0-4点），針の存在と配置（0-4点）の10点満点で採点する。
Rey-Osterrith Complex Figure Test		視覚性記憶検査	Rey	複雑な図形を提示し，それを模写または3分後に遅延再生させる。どのような順で模写するかによって，方略（ストラテジー）の力を類推することもできる。例えば，全体の大きな枠から描いて細部を書くことができる場合はストラテジーが保たれている。
レーヴン色彩マトリックステスト		神経心理学検査	Raven	カラーの図版を見て，欠けた部分にピースを選択していく検査。知能も評価できる。
ストループテスト		神経心理学検査	Stroop	前頭前野の機能をみる検査。出てくる文字に惑わされずに，文字の色を答える。
ウィスコンシンカード分類	WCST	神経心理学検査	Grant et. al.	前頭葉の機能を測定する。1～4個の記号が書かれたカードを記号の色，形または数の一致によって分類する課題。
Trail Making Test	TMT	神経心理学検査	Partington	前頭葉機能を測定できる。紙に書かれた数字を小さい順（1から順に）から線で結んでいく。次に，紙に書かれた混在した数字と仮名について，数字の小さいもの・仮名の五十音順に線で結んでいく。
Noise Pareidolia Test			Yoshiyuki Nishio	ノイズ画像（汚れたような意味のない画像）を一枚ずつ提示し，その中に顔があるかどうかを回答してもらう。レビー小体病の検出に有用であるが，幻視のない患者の検出力には疑問が残る。またMME20点以下では検出力があるが，28点以上の検出力は低いとされる。

柄澤式老人知能の臨床的判断基準		高齢者の知的機能検査	柄澤昭秀	高齢者の知的レベルを評定する。行動観察によって評定する。「日常生活能力」「日常会話・意思疎通」という観点から、正常の（−）、正常の（±）、異常衰退の軽度（＋1）、異常衰退の中等度（＋2）、異常衰退の高度（＋3）、異常衰退の最高度（＋4）という6段階で評定する。
改訂長谷川式簡易知能評価スケール	HDS-R	高齢者の知的機能検査（認知症スケール）	長谷川和夫，加藤伸司	質問式の認知症スケール。わが国の認知症スケールとしては最も歴史がある。介護保険の判定の材料としても用いられている。日時・場所の見当識、3つの言葉の記銘、計算、数字の逆唱、3つの言葉の遅延再生、5つの物品記銘、ことばの流暢性（野菜の名前）からなり、30点満点で換算する。20点以下には認知症が疑われる。
国立精研式認知症スクリーニングテスト		高齢者の知的機能検査（認知症スケール）	大塚俊男	質問式の認知症スケール。健康な高齢者の中から簡便に認知症患者をスクリーニングできるスケールとして開発された。日時の見当識、一般常識、文章の復唱、計算、数列の即時再生と逆唱からなっていて、20点満点である。0-10点は認知症が強く疑われ、11-15点が認知症疑い、16-20は正常となっている。
N式精神機能検査		高齢者の知的機能検査（認知症スケール）	西村健	質問式の認知症スケール。記憶・見当識・計算の他に、概念構成・図形模写・空間認知・運動・構成機能などの課題も加えて、広範囲の知的機能を測定する。年齢、現在の月日、指の名、運動のメロディー（グーパーを交互に流暢に出来るか）、時計、果物の名前、引き算、図形模写、物語再生、数字の逆唱、書き取り、読字からなっている。各項目の素点を集計表を用いて換算し、得点を求める。満点は100点となる。34点以下が重度認知症、35-59点が中等度認知症、60-84点が軽度認知症、85-94点が境界、95点以上が正常とする。
N式老年者用精神状態尺度	NM スケール	認知症の重症度	西村健	行動観察によって認知症の重症度を判定する。家事・身辺整理、関心・意欲、交流・会話、記銘・記憶、見当識の5項目からなっていて、それぞれ0点、1点、3点、5点、7点、9点、10点で評価し、合計点を出す。48-50点が正常、43-47点が境界、31-42点が軽度認知症、17-30点が中等度認知症、0-16点が重症認知症とされる。
Mini-Mental State Examination	MMSE	高齢者の知的機能検査（認知症スケール）	Folstein	質問式の認知症スケール。世界的に疫学調査などで用いられている認知症スケールである。時間・場所の見当識、3個の物品名の記銘と即時再生、計算、3つの物品名の遅延再生、文章の復唱、三段階命令、読字、書字、図形の模写からなっている。23点以下は認知症、せん妄、統合失調症、感情障害などが疑われる。
Mental Status Questionnaire	MSQ	高齢者の知的機能検査（認知症スケール）	Kahn, Pollack	質問紙式の知的機能検査。1958年、ニューヨークの大規模な施設入所中の高齢者調査のために開発された。10項目から成り、そのうちの5問が見当識の問題、残りの5問が一般知識の問題になっている。慢性脳疾患あるいは認知症について、0-2

				点の誤答数であれば疑いあるいは疾患なし，3-8の誤答数であれば中等度，9-10点の誤答数であれば重度としている。
Neurobehavioral Cognitive Status Examination	COGNISTAT	認知機能検査	Kiernan	覚醒水準・見当識・注意の一般因子と，言語（語り，理解，復唱，呼称）・構成能力・記憶・計算・推理（類似，判断）の5領域の認知機能で評価する。言語の語りでは話すことによって，失語や作話などを内容分析する。スクリーン・メトリック方式が採用されており，スクリーン検査で失敗した時に，メトリック検査が実施される。検査結果はプロフィールとして図示する。障害なしが9点以上，軽度8±2点，中等度7±3点，重度6点±4点以下となっている。
Alzheimer's Disease Assessment Scale	ADAS	高齢者の知的機能検査（認知症スケール）	Mohs	記憶を中心とする認知機能検査。抗認知症薬の薬効評価に用いる。認知機能下位尺度と非認知機能下位尺度の2つからなっている。認知機能下位尺度は「単語再生，口頭言語能力，言語の聴覚的理解，自発話における喚語困難，口頭命令に従う，手指および物品呼称，構成行為，観念運動，見当識，単語再認，テスト教示の再生能力」の11項目からなる。非認知機能下位尺度は，「涙もろさ，抑うつ気分，集中力の欠如，検査に関する協力度，妄想，幻覚，徘徊，多動，振戦，食欲の減退または亢進」からなっている。いずれも失点方式で，最高点は50点である。各尺度の失点が0点は健常，1点はごく軽度，2点は軽度，3点は中度，4点はやや高度，5点は高度の障害となっている。総失点では，7点が健常，10から20点が軽度，17から35点が中度，27点以上が重度となっている。
Fanctional Assessment Staging	FAST	認知症の重症度	Reisberg	アルツハイマー型認知症の重症度を ADL の障害（行動障害）の程度から7段階で判定する。
Clinical Dementia Rating	CDR	認知症の重症度	Hughes	クライアントの日常生活を十分に把握している看護者及び家族からの情報によって判定する。記憶，見当識，判断能力，社会適応，家庭状況及び趣味関心，介護状況の6つの項目について，健康，認知症疑い，軽度認知症，中等度認知症，重度認知症の5段階で判定する。
GBS スケール	GBSS	認知症の重症度	Gottfriesら	クライアントの状態をよく知る介護者が採点することによる行動観察評価で，認知症の重症度を判定する。運動機能6項目，知的機能11項目，感情機能3項目，認知症に共通なその他の症状6項目の4領域26項目からなる。各項目について，0から6までの7段階で採点を行う。
標準言語性対連合学習検査（Standard Verbal Paired-Associate Learning Test）（旧：三宅式記銘力検査）	S-PA	記憶検査	日本高次脳機能障害学会	有関係語10個を読み上げた後，対の最初の語を検査者が読み上げ被験者が対となる語を回答する。この手順を三回繰り返す。次に無関係語で同様の手順を繰り返す。認知症では有関係語の成績が悪く，無関係語の学習効果が少ないと言われている。

リバーミード行動記憶検査（Rivermead Behavioural Memory Test）	RBMT	記憶検査	Wilson	展望的記憶検査があるため MCI に有効な検査。姓の記憶・名前の記憶・持ち物の記憶・約束の記憶・絵の遅延再生・物語の直後および遅延再生・顔写真の遅延再生・道順の直後および遅延再生・用件の直後および遅延再生・日付を除く見当識・日付の見当識からなる。日常記憶や生活記憶の障害を測定できる。同じ難易度の並行検査が4つあり再検査も可能である。標準プロフィール得点は下位検査ごとの反応について評価する。MCI のカットオフ値は16/17点である。スクリーニング点の MCI カットオフ値は6/7点である。
N式老年者日常生活動作能力評価尺度	N-ADL	日常生活動作（ADL）	西村健	行動評価尺度で，歩行・起坐，生活圏，着脱衣，入浴，接触，排泄の5項目を7段階で評定する。
Instrumental Activities of Daily Living Scale	IADL	日常生活動作（ADL）	Lawton, Brody	行動観察によって ADL の状態を判定する。電話のかけ方，買い物，食事の支度，家事，洗濯，移動・外出，服装の管理，金銭の管理の8項目から評定する。
Physical Self-Maintenance Scale	PSMS	日常生活動作（ADL）	Lowenthal	行動観察によって ADL の状態を判定する。排泄，食事，着替え，身繕い，移動能力，入浴の6項目を判定する。

第 2 節　認知機能検査：MMSE

　検討に際しては，特定の疑問に関して先行研究を網羅的に調査し，同質の研究をまとめ評価しながら分析を行う**システマティック・レビュー**（鳩間，2015）（牧本，2013）の方法を応用して行うこととした。なお，本節は金城学院大学論集人文科学編第14巻に掲載された『高齢者を対象とした心理学的検査のシステマティックレビュー，認知症スクリーニング検査を中心に』をもとに加筆したものである。

　高齢者領域における心理検査は認知症を評価するための検査とそれ以外の検査に大別されよう。本節では前述したように急増する認知症に焦点をあてることとした。認知症を評価する検査は「記憶機能を測定するもの」「行動心理状態（BPSD）を測定するもの」「日常生活動作（Activity of Daily Living; ADL）を測定するもの」「全般的重症度を測定するもの」の 4 つに大別される（日本神経学会，2014）。本節では臨床現場で第一選択として実施される認知症のスクリーニング検査について検討することとした。認知機能とは記憶・見当識・注意・思考・言語・視空間能力・判断など多岐にわたるとされる（黒川，2009）。認知機能検査が極めて重要な理由として，黒川（2009）は，認知機能は加齢の影響を受けやすいこと，高齢者は認知障害を中核症状とする認知症の出現頻度が高いこと，高齢者の認知機能の低下は抑うつ障害や不安障害などと高頻度に関連していること，認知機能の低下が自立した生活機能の維持を阻むことなどを挙げている。

　認知症のスクリーニング検査の主なものとしては **MMSE**（Mini Mental State Examination），HDS-R（改定長谷川式知能検査），国立精研式認知症スクリーニングテスト，N式精神機能検査，時計描画テストなどがある。本節の対象となる心理学的検査を選定するため，上記の心理学的検査の先行研究における使用頻度を検討した。方法としては，各種検査名に認知症または痴呆を加えて入力した。検索エンジンは，CiNii，J-Dream，Med line とした。

表 3-2-1　各スクリーニング検査を使用した先行研究数

	CiNii		J-Dream		Med-Line	
	認知症	痴呆	認知症	痴呆	認知症	痴呆
MMSE	195	56	575	199	1568	1568
HDS-R	94	80	224	94	1149	1149
国立精研式	0	0	15	15	8	8
時計描画テスト	7	1	11	0	43	43
N式	3	10	12	12	78	78

　その結果を表 3-2-1 に示す。ここから，MMSE の使用頻度がもっとも高いことが明示された。また，日本神経学会による『認知症疾患治療ガイドライン』（2014）でも，認知症のスクリーニング検査として MMSE が推奨されており，感度・特異度・簡便さ・これまでのデータの蓄積量から最も推奨されるスクリーニング検査であるとされている。そこで，本節では，MMSE を中心に先行研究の結果をまとめることとした。なお，海外においても MMSE の先行研究は多数存在する。しかし，MMSE は様々な日本語版が開発されており，教育歴や文化的背景を踏まえた上で日本人の認知機能の特徴を考慮し，その傾向をまとめる方が有用であると考えられる。よって，本節では日本人を対象とした論文に限って検討する。

　MMSE に関する先行研究を選定するため，図 3-2-1 のような手順をとった。MMSE と認知症を Key Word として発行年を10年以内とし，データベースを検索し重複等を削除した結果，325本の先行研究が残された。これらの中には，最新の知見を取り込むため，学会発表抄録も含むこととした。次に，これらの研究タイトルを検討した。その結果，117本の研究が残った。さらに，それらの抄録によって研究内容を検討したところ19本の先行研究が選定された。これらの19本の研究について，Abstract form を作成し研究内容を詳細に検討した。Abstract form では，タイトル，著者，対象者，対象人数，研究の概要，MMSE の各項目の結果についてまとめた。上記を元に，

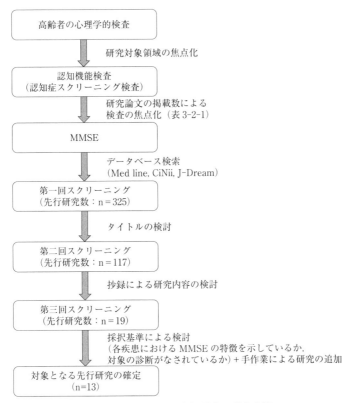

図3-2-1　MMSE の先行研究の選定方法

　各疾患における MMSE の特徴を示している研究であること，対象者に診断名がある事を基準として選定した。また，手作業で収集した研究も加えた。その結果，最終的に13本の論文が選定された（図3-2-1）。

　MMSE は臨床現場で世界的に使用されている認知機能検査である（三木, 2011）。MMSE はホプキンズ大学の Folstein 夫妻によって開発された尺度で，日本語版には複数の種類があり，例えば，描画図形がダブルペンタゴンと言われる五角形であるもの・立方体であるもの（姫路版），100-7課題のもの（姫路版）や「フジノヤマ」を逆唱させるもの（北村版）・両方を採用している

76

表 3-2-2　MMSE の主な

タイトル	形式	著者	対象	人数	概要	時間見当識	場所見当識
痴呆のケアにおけるアプローチに関する一考察	量的研究	森屋匡士	アルツハイマー病	n＝150	MMSE の通過率から認知症の重症度が類推できる。	早期から障害	早期から障害
認知症スクリーニング検査	文献研究	滝浦孝之	/	/	MMSE のスケールの特徴を概説。23点が cut off ポイント。		
大規模集団における MMSE の因子分析と高齢者の前頭前野血流反応との関連	量的研究（学会抄録）	重森健太	認知症高齢者	n＝39461, n＝23	MMSE の因子分析の結果と脳血流の関係を検討。第一因子が「命名・復唱・記銘・書字」で脳血流反応が低い。第二因子が「時間見当識・場所見当識・想起」、第三因子が「Serial-7・三段階命令・自発書字・図形模写」である。	脳血流反応を認める	脳血流反応を認める
アルツハイマー病における MMSE の年次変化率	量的研究	大島渡	アルツハイマー病	n＝219	ADAS の再生課題の減点が多いほど MMSE の 1 年目変化率が大きい。		
アルツハイマー病の構成障害	量的研究	渡部宏幸	アルツハイマー病	n＝320	構成障害の有無の検出には立体模写が有用。		
アルツハイマー病患者の注意障害	量的研究	工藤由理	アルツハイマー病	n＝182	Serial-7 の点数に注目して AD の注意障害を検討。		
MMSE 24点以上のアルツハイマー病患者のスクリーニング検査において立方体透視図模写課題が果たす役割について	量的研究（学会抄録）	古川はるこ	アルツハイマー病（MMSE 24点以上）	n＝45	立体模写課題は，ベントン視覚記銘検査の正確数・誤謬数・MMSE の総得点と相関。		
MMSE および ADAS の単純な下位項目分析が DLB 臨床診断の感度を上げる可能性について	量的研究（学会抄録）	小田陽彦	レビー小体型認知症，アルツハイマー病	DLB＝27, AD＝81	Ala Score 5 点未満の場合は DLB の可能性がある。		
認知症はどのようにして診断されるか	文献研究	数井裕光	/	/	MMSE の中で障害されている機能と保持されている機能を明示。遅延再生が記憶障害の評価に有用。	AD・DLB は見当識の障害を認める。FTD・水頭症・VD は見当識障害が軽度	

先行研究結果の概要（その1）

記銘	Serial-7	復唱	三段階命令	読字	想起	命名	書字	構成
	中等度から障害	重度でも維持		重度でも維持		重度でも維持		中等度から障害
言語性聴覚性即時記憶と学習効果を測定	計算力, 言語性聴覚性即時記憶, 注意集中力を測定	言語理解と即時記憶	動作性検査・言語理解	言語理解と即時記憶	言語性聴覚性近時記憶	言語理解		
脳血流反応が低い		脳血流反応が低い			脳血流反応を認める	脳血流反応が低い	脳血流反応が低い	
								模写課題の正誤に教育年数と重症度が関係, 重症度の評価には平面図形が有用で, 重症度が軽度な症例の構成障害の有無の検出には立体模写が有用
	初期には分配性注意障害によって低下するが, 進行すると覚醒度や受動的スパンの低下によってさらに低下する							
								初期から障害される
	遅延再生が保たれていてSerial-7が低い場合は, せん妄や意識障害, VD, 突発性水頭症の可能性あり				ADでは早期から低下			DLBとAD（特に若年初症）では障害されやすく, FTDでは視覚構成能力は保たれやすい

表 3-2-2　MMSE の主な

タイトル	形式	著者	対象	人数	概要	時間見当識	場所見当識
神経心理学検査によるレビー小体型認知症の簡易鑑別法の検討	量的研究（学会抄録）	杉山秀樹	レビー小体型認知症とアルツハイマー病のうち MMSE 13点以上	DLB＝61，AD＝65	Ala score 5点未満に加えて，五角形模写が描けないものに対して，画像検査やベンダーゲシュタルトテストなどが必要。		
アルツハイマー型認知症とレビー小体型認知症の早期鑑別，MMSE における3単語遅延再生と五角形描画の乖離	量的研究	嶋田史子	AD および DLB で MMSE 20点以上	DLB＝34，AD＝95	描画において DLB では形，大きさ，交差といったゆがみが有意に認められる。		
Lewy 小体型認知症の神経心理学的検討	量的研究	岡田和悟	AD および DLB	DLB＝20，AD＝24	Ala score が AD との鑑別に有用。		
認知症鑑別の精度向上に向けた試み，MMSE の下位項目および Ala スコアの有用性	量的研究（学会抄録）	山口裕美子	AD および DLB，認知症のないまたはその後発症した PD	DLB＝16，AD＝80，PD＝28，PD＋D＝5	認知症が軽度の場合には Ala score が AD と DLB の鑑別に有用。	AD の進行に応じて低下，AD は DLB に比べて有意に低い	AD の進行に応じて低下

もの（MMSE-J）など様々である。ここでは，最も多く使用されている姫路版（森，1985）をもとに検討する。

⑴MMSE の下位項目ごとの検討（表 3-2-2 参照）

　MMSE の設問は，「時間の見当識（見当識の 1-5）」，「場所の見当識（見当識の 6-10）」「記銘（3 つの言葉を即時に再生）」「Serial-7（100 から 7 ずつひく）」「復唱（ことわざを繰り返して言う）」「三段階命令」「読字」「想起（3 つの言葉を思い出して言う）」「命名（物品の名称を答える）」「書字」「構成（立体図形の模写）」からなっている。

　「時間の見当識」では，認知症が疑われる場合は「今の季節はなんですか」と自由再生で聞くよりも，「今は春夏秋冬のどれですか」と再認で聞く方が良いとされている。時間の見当識は，従来からアルツハイマー病では初期から低下が認められるとされてきた（森屋，2004）。また，今回選定された研究

先行研究結果の概要（その2）

記銘	Serial-7	復唱	三段階命令	読字	想起	命名	書字	構成
					AD群において有意に低い			DLB群において有意に低い。DLB群ではゆがみ（形，大きさ，交差で有意）が一番多く，ついで誤認のパターンで誤謬があった
	AD群より有意に低くなる							AD群より有意に低くなる
	ADの進行に応じて低下				ADの進行に応じて低下，早期から低下			ADの進行に応じて低下

　の中で，山口（2015）はレビー小体型認知症（Dementia with Lewy Bodies; DLB）に比べて，アルツハイマー病では時間見当識の点数が有意に低いとしている。加えて，数井（2011）は時間・場所見当識の障害を認めるアルツハイマー病・レビー小体型認知症に比べて，前頭側頭型認知症（Frontotemporal Dementia; FTD）・水頭症・血管性認知症（Vascular Dementia; VaDまたはVD）は見当識障害が軽度としている。

　「記銘」では，言語性・聴覚性即時記憶と学習効果についてテストしている（滝浦，2007）。アルツハイマー病の場合には初期には即時記憶はある程度保たれている。今回選定した研究でもそれに相反する結果は認められなかった。

　「Serial-7」では，ワーキングメモリが測定される。そのほかにも計算力，言語性聴覚性即時記憶，注意集中力が評価される（滝浦，2007）。高齢者の抑うつ障害では後述する「想起（遅延再生）」は障害されず，Serial-7が低得点

になることが多い。これは，アルツハイマー病では近時記憶が障害されるのに対し，抑うつ障害の場合は抑うつ症状の一つとして注意集中力の低下が現れるためであるとされる。レビー小体型認知症で抑うつがある場合は，同じくSerial-7の点数が低くなると推察される。さらに，数井（2011）は遅延再生が保たれていてSerial-7が低い場合は，せん妄や意識障害，血管性認知症，突発性水頭症の可能性があるとしている。

「復唱」は言語理解と即時記憶が評価される設問である。アルツハイマー病が中等度になっても比較的保たれるとされる。今回選定した論文でもそれに相反する結果は認められなかった。

「三段階命令」は，小さい紙を取って半分に折って大きい紙の下に入れるという一連の作業を，指示に従って実際に行うもので，動作性の検査と言える。アルツハイマー病では中等度になると障害されてくるとされる。今回選定した論文でもそれに相反する結果は認められなかった。

「読字」は復唱と同じく言語理解と即時記憶に関する設問だが，指示文に書かれた通りに目を閉じることから動作性の項目ともなっていると言える。これも，アルツハイマー病が中等度になると障害されてくる。今回選定した論文でもそれに相反する結果は認められなかった。

「想起」はいわゆる遅延再生で，言語性聴覚性の近時記憶が評価される。アルツハイマー病の場合，初期には即時記憶は保たれる一方で近時記憶障害が示されるので，遅延再生の点数が低くなる。記銘の点数が高く想起の点数が低い場合には，アルツハイマー病の初期を疑うことができる（数井，2011）。このことを支持する内容として，アルツハイマー病評価尺度（Alzheimer's Disease Assessment Scale; ADAS）の再生課題の減点が大きいほど，1年目の年次変化率が大きく，進行が早いとの報告がある（大島，2013）。また，遅延再生については，アルツハイマー病では点数が低いのに対して，レビー小体型認知症では有意に得点が高くなっているとの報告もある（嶋田，2013）。

「命名」は言語理解の障害を検出する。前頭側頭葉変性症の意味性認知症

（Semantic Dementia; SD）や脳血管性障害などで失語等の症状がある場合には
スクリーニングできる。

　「書字」は氏名以外の自由文を書かせる項目である。「書字」に関しては特
記すべき研究結果は認められなかった。

　「構成」はサイコロ型の立方体の透視図を模写するが，アルツハイマー病
では初期から立体透視図の模写に障害が認められる（古川，2006）。レビー小
体型認知症ではアルツハイマー病よりもさらに障害の度合いが強いとされて
いる（岡田，2015）。また，レビー小体型認知症では特にゆがみや誤認（違う
形を描く）場合が多かったとする報告もある。一方，嶋田（2013）は MMSE
が20点以上のアルツハイマー病とレビー小体型認知症を比較したところ，ア
ルツハイマー病と比べてレビー小体型認知症では形そのものの歪みや大きさ
のゆがみが顕著であるとしている。例えば 5 角形が 4 角形になる，著しく小
さい 5 角形を描画するなどである。つまり，レビー小体型認知症はアルツハ
イマー病に比べて，得点できないだけでなく描画が質的にも不良であると推
察される。なお，前述したように「構成」ではダブルペンタゴンを描画させ
る版もあるが，渡部（2013）の報告によると，構成障害の有無の検出には立
方体模写がより有用であるとされている。また，数井（2011）は，ダブルペ
ンタゴンよりも立体模写の方が難易度は高いとした上で，レビー小体型認知
症とアルツハイマー病（特に若年初症）では構成が障害されやすく，前頭側
頭型認知症では視覚構成能力は保たれやすいと述べている。

⑵点数と重症度による検討

　点数による判定では23点が cut off 値になっている。健常の場合は24点以
上のことが多い。認知症疑いは18-23点，軽度認知症14-20点，中等度認知症
が 5-15点，重度認知症が 8 点以下あたりが目安とされる。ちなみに HDS-R
では cut off 値が20/21点なので注意を要する。

　重症度別では，時間・場所の見当識は認知症の初期から障害されやすいと

される。また，注意集中を要する「Serial-7」や視知覚が関係する「構成」は中等度になって障害が著しくなるとされる。一方で，森屋（2004）によると，「復唱」「読字」「命名」は比較的重度になってから障害されると報告されている。重森ら（2009）は，MMSE検査中の前頭前野連合領域の脳血流を測定したところ，「命名」「復唱」「記銘」は血流反応が低く，認知症が重症化するまで維持されやすいとした。一方，「時間・場所の見当識」「想起（遅延再生）」は脳血流反応がある程度あり，早期の段階で低下するとしている。さらに，「Serial-7」「読字」「書字」「構成」は脳血流反応が高く認知症の軽度から中等度にかけて関係するのではないかとしている（重森，2009）。脳血流に関しては，IMP-SPECT のデータとの関連から，MMSE は頭頂側頭連合野の左側の機能評価に優れているとの報告がある（清水，2014）。この報告では，ベントン視覚記銘検査の正答数と誤謬数は右側頭頂側頭連合野での血流との相関が高いとされていて，MMSE とベントン視覚記銘検査を併用することによる認知障害のスクリーニングの可能性を示唆している。

⑶レビー小体型認知症との鑑別のための Ala Score

昨今，レビー小体型認知症に注目が集まる中，レビー小体型認知症の鑑別に有用な研究結果も散見された。その中で，MMSE の点数を用いた **Ala Score** が提唱されていた（山口，2015）。これは，「Serial-7」の点数（満点5点），「想起（遅延再生）」（満点3点），「構成」（満点1点）の3つの点数を用いて，「（Serial-7の点数）−（5/3×想起の点数）+（5×構成の点数）」（Ala score（Attention −5/3，Recall +5，Construction））という計算式で求める。この結果が5点未満であればレビー小体型認知症を疑うというものである。杉山（2012）は Ala Score が5点未満で，構成に障害が認められた場合に，さらなる画像検査などを推奨している。ただし，上記の Ala Score が使用できるのは MMSE 得点が13点以上に限られている。また，構成が立体模写の場合は難易度が高くなるため，Ala Score の得点が押し下げられる可能性も示唆され

ている（小田，2006）。

⑷MMSE に関する総括

　上記の先行研究の検討結果から，MMSE に関する総括を以下に記す。

　認知症スクリーニングとしての認知機能検査について様々な心理学的検査を検討したところ，圧倒的に MMSE を使用した先行研究が多いことが明らかになった。このことから，MMSE は認知症スクリーニングテストとして本邦では最も有用であると推察される。その理由として，世界で広く使用されていて国際的にスタンダードな検査となっており，研究の基礎情報を示すのに適した検査であることがあげられる。加えて，短時間で簡便に使用でき，クライアントの負担も少ないことがあげられる。さらに，「見当識」や「想起（遅延再生）」などスクリーニング検査として一般的な項目に加えて，ワーキングメモリーを使用する「Serial-7」，また「読字」「三段階命令」「構成」などの動作性検査を含んでいることがあげられる。そのため，さまざまな側面からの検討が可能である。これらよりアルツハイマー病だけでなく視知覚の異常を呈するレビー小体型認知症や，注意集中力の低下が認められる老年期の抑うつ障害の鑑別の際に必要な基礎情報が得られやすいと考えられる。

　次に，MMSE の各項目から考察する。先行研究の検討の結果，見当識の低下はアルツハイマー病の特徴であると推察される。特に，時間の見当識はレビー小体型認知症よりもアルツハイマー病の低下が顕著で，進行に応じて低下すると考えられる。よって，見当識，特に時間の見当識は一つの指標になるであろう。

　さらに，アルツハイマー病を初期から鑑別する際に有用な項目は，「想起（遅延再生）」になると推察される。特に，レビー小体型認知症や高齢者の抑うつ障害の鑑別の際に有用であると考えられる。アルツハイマー病では初期から低下が認められるのに対して，レビー小体型認知症や抑うつ障害では低下が顕著ではない事がうかがえる。また，アルツハイマー病の初期では即時

記憶は保たれているのに対し，遅延再生である「想起」が障害されるのが特徴であろう。なお，「見当識」や「想起」の項目では前頭前野において脳血流反応が認められ，同じ因子としてまとめられていることからも（重森，2009），これらがアルツハイマー病に特徴的な項目となると考えられる。

　加えて，「構成」はレビー小体型認知症の鑑別に有用であると考えられる。アルツハイマー病でも障害が初期から認められるが，その障害は中等度に顕著になる。しかし，レビー小体型認知症は初期から障害が重篤で質的に不良である。このことから，見当識や遅延再生がある程度保たれていて，「構成」が顕著に障害されている場合はレビー小体型認知症の可能性があると推察される。

　さらに，「Serial-7」では，高齢者の抑うつ障害の鑑別の際に有用であると考えられる。特に，「想起（遅延再生)」との得点の比較において，抑うつ障害では遅延再生が保たれているのに対し，集中力の低下から「Serial-7」の得点が低い事がわかった。

　加えて，重症度別の考察では，障害される項目によって進行度や重症度をある程度推察できる事が明らかになった。アルツハイマー病の場合でいうと，軽度（初期）の場合は「見当識」や「想起」が，中等度の場合は「Serial-7」や「構成」が障害される。一方で，「命名」や「復唱」は重度まである程度得点できると推察される。

　また，近年，診断数が飛躍的に伸びているレビー小体型認知症を鑑別するための MMSE の得点を元に算出する Ala Score に関する研究が増加していた。Ala Score の計算式では注意集中を示す「Serial-7」「想起（遅延再生)」「構成」の得点が使用されている。このことから，レビー小体型認知症ではこれらの項目の点数が鑑別に有用であることが推察される。

　以上より，認知症スクリーニングのための心理学検査としては MMSE が有用で，各項目の得点の特徴によって，認知症鑑別診断に有用な情報を収集できる可能性が高いと考えられる。

第3節　知的機能・記憶検査：ウェクスラー法の WAIS と WMS

　第1節でも述べたように，本邦では急速な少子高齢化に伴い高齢者の人口に占める割合が高くなっている。これらの状況を受けて，筆者は，前節で認知機能検査の Mini Mental State Examination（MMSE）を取り上げ，本邦における MMSE を取り入れた先行研究をシステマティック・レビューの方法を用いて，分析・選定し，その内容を検討した。老年期における認知症を中心としたクライアントの心理査定としては，このほかにも様々なものがある。本節では，その中でも記憶や知能に関わる心理査定に焦点をあて，検討することとした。なお，本節は金城学院大学論集人文科学編第15巻に掲載された『高齢者を対象とした心理学的検査のシステマティックレビュー，その(2)ウェクスラー法を中心に』をもとに加筆したものである。

　記憶機能や知的機能の心理学的検査としては，**ウェクスラー法による知的機能検査**（Wechsler Adult Intelligence Scale; WAIS），**ウェクスラー法による記憶検査**（Wschsler Memory Scal; WMS），アルツハイマー病行動記憶検査，リバーミード行動記憶検査（Rivermead Behavioral Memory Test; RBMT），聴覚性言語性学習検査（Rey's Auditory Verbal Learning Test; AVLT），ベントン視覚記銘検査（Benton Visual Retention Test; BVRT），標準言語性対連合検査（Stanadrd Verbal Paired-Associate Learning Test）（旧：三宅式記銘力検査），自伝的記憶検査（Autobiographical Memory Interview; AMI）などがある（日本神経学会，2014）。

　WAIS は16歳から89歳まで使用可能な知能検査であり，様々な知能的側面からクライアントの知的状態を測定することができる。WMS は2001年杉下によって標準化されており，特に物語の30分後の再生（論理記憶の遅延再生）は健忘性軽度認知機能障害の検出に優れていると言われている。**リバーミード行動記憶検査**（**RBMT**）は日常生活における記憶障害を測定することを目的としており，スクリーニング得点と標準プロフィール得点が算出される。

スクリーニング得点は記憶障害の有無，標準プロフィール得点は日常生活上の行動の把握や治療効果等の評価ができる。聴覚性言語性学習検査（AVLT）は単語の学習能力を評価する。**ベントン視覚記銘検査（BVRT）**は複数の図形を記憶によって描画し，正答数と誤謬数により評定する。**自伝的記憶検査（AMI）**は個人の生活史を尋ねる質問項目からなっている。**標準言語性対連合学習検査（旧三宅式記銘力検査）**は，2つの単語が対語になったものを10組含んだ単語リストを用い，それぞれを記憶させた後，単語の一方のみを提示し，もう一方の対になった単語を再生させるという検査である。

　上記の心理学的検査の研究での使用頻度を検討するため，Med Line，Ci-Nii，J-Dream で研究論文の数を検索した。その結果を表3-3-1 に示す。ここから，ウェクスラー法である WAIS と WMS の使用頻度がもっとも高いことが明示された。さらに，ベントン視覚記銘検査も比較的使用頻度が高いことが明らかとなった。第2節で示したようにベントン視覚記銘検査はMMSE との併用の有効性も示されている（清水，2014）。そこで本節では，高齢者を対象とした心理査定の記憶検査の中から，ウェクスラー法について先行研究をまとめ，その特徴や認知症鑑別診断のための情報を整理する。そして，次節の第4節においてベントン視覚記銘検査についてまとめる。なお，海外においても先行研究は多数存在するが，上記は全て日本語版が開発され

表3-3-1　知能検査・記憶検査を使用した先行研究数

	CiNii	J-Dream	Med Line
ウェクスラー記憶検査（WMS）	7	33	65
ウェクスラー法知的機能検査（WAIS）	8	65	204
Rivermead 行動記憶検査（RBMT）	32	37	20
Rey's Auditory Verbal Leraning Test（AVLT）	1	0	7
ベントン視覚記銘検査	11	17	48
旧三宅式記銘力検査	1	0	18
自伝的記憶検査（AMI）	2	0	11

ており，教育歴や文化的背景を踏まえた上での日本人の傾向をまとめる方が有用であると考えられることから，本節では日本人を対象とした論文に限って検討する。

　検討に際しては，第2節と同じく特定の疑問に関して先行研究を網羅的に調査し，同質の研究をまとめ評価しながら分析を行うシステマティック・レビュー（鳩間，2015）（牧本，2013）の方法を応用して行うこととした。

　ウェクスラー法に関する論文を選定するために，第一回のスクリーニングを実施した（図3-3-1）。ウェクスラー法の中で，論文を検討したところWMSに関しては，105件の論文が抽出された。この105件の論文は，WMS単体では研究が少なく，同じウェクスラー法であるWAISに関する検討が同時になされている研究があることが明らかになった。WAISについては，Med Line，CiNii，J-Dreamのデーターベースで認知症×WAISで検索したところ277件，アルツハイマー病×WAISで検索したところ132件が抽出された。この中から，重複等を削除し，Abstract formを作成して検討した。選定基準は，認知症クライアントの知的機能を含む記憶機能に関する知見があること，量的研究であるもしくは認知症の診断が適正になされていることとした。また手作業で収集した研究も加えた結果，ウェクスラー法のWAISは18件，WMSは5件の論文が選定された。

(1)WAISの群指数ごとの検討（表3-3-2）

　これまで主に使用されてきたWAIS-Ⅲでは言語性IQや動作性IQよりも群指数の解釈を優先するように推奨されている。2018年に改定されたWAIS-Ⅳでは言語性IQと動作性IQは廃止されている。加えて，クライアントの強い下位検査（S）と弱い下位検査（W）を求める際には，通常，言語性IQと動作性IQそれぞれの平均点ではなく，全ての評価平均点をもとに比較するように変更されている。これらの状況を踏まえて，まずは群指数ごとに特徴をまとめていく。なお，WAIS-Ⅳは，下位検査として，基本検査

88

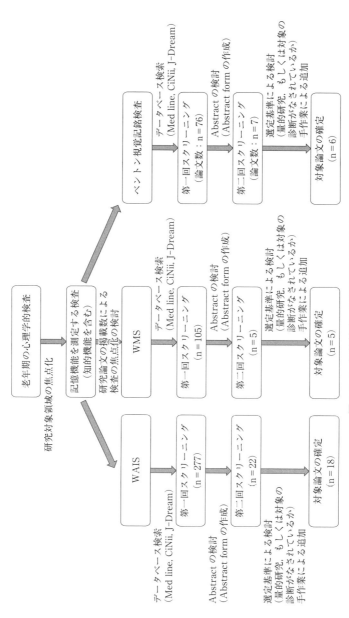

図 3-3-1　知能検査・記憶検査の選定方法

は類似・単語・知識・積木模様・行列推理・パズル・復唱・算数・記号探し・符号の10の下位検査となった。そして，補助検査として理解・バランス・絵の完成・語音整列・絵の抹消の5つの下位検査が用意されている。群指数に当たる指標としては，「言語理解（VCI）」（類似・単語・知識・理解），「知覚推理（PRI）」（積木模様・行列推理・パズル・バランス・絵の完成），「ワーキングメモリ（WMI）」（数唱・算数・語音整列），「処理速度（PSI）」（記号探し・符号・絵の抹消）からなっている。また，全知能指数（FSIQ）からワーキングメモリと処理速度の影響を除いた得点である**一般知的能力指標**（General Ability Index; GAI）が算出できるようになってる点が特徴的である。

　「**言語理解**」は「言語概念形成」「抽象的言語概念」「言語的推理」などを含んだ概念である（藤田，2015）（黒川，2005）（日本版 WAIS-Ⅲ刊行委員会，2009）。先行研究の検討の結果から，認知症発症による言語理解の変化に関する結果はほとんど認められなかった。唯一，村山（2010）が前頭側頭葉変性症の中の意味性認知症については，「言語理解」が限界域の点数になるとしている。

　「**知覚統合**（知覚推理）」は非言語性の流動性推理や空間問題解決を測定しており（日本版 WAIS-Ⅲ刊行委員会，2009），「視覚的処理」「空間」「同時処理」を含んだ概念である。視覚や視覚－運動に基づく知覚や認知の能力であり，つまりは物と物との関係を捉える力や断片を一つにまとめる力である。さらに，得られた情報をもとに，推理したり処理したりする能力も含まれている（黒川，2005）。岡崎（2015）は，記憶障害を有する軽度認知障害（amnestic MCI; aMCI）の中でアルツハイマー病に移行した群は，知覚統合が初診時に有意に低下していると報告しており，視覚情報の操作全般に関わる機能が初診時から低かった可能性を示唆している。ただし，松田（2011）は正常加齢でも低下すると述べており，流動性知能の加齢による影響をどのように捉えるか，意見の分かれるところである。

　「**作動記憶**」はいわゆるワーキングメモリでクライアントが情報に注意を

表 3-3-2　WAIS に関する主

タイトル	形式	著者	対象	人数
変性性認知症の鑑別及び早期発見における神経心理学検査の役割	総論	村山憲男	AD, DLB	―
amnestic MCI におけるアルツハイマー病移行への心理学的予測	原著	岡崎由美子	aMCI	aMCI＝28
WAIS-R のプロフィールを用いた Mild Cognitive Impairment とアルツハイマー型痴呆の比較	原著	西萩恵	MCI, AD	MCI＝9, AD＝3
アルツハイマー病における高次機能障害の特徴	学会抄録	竹中明子	AD	AD＝12, VD＝8, Depression＝8
Wechsler Adult Intelligence Scale, 3rd Edition: Usefulness in the Early Dection of Alzheimer's Disease	原著	Yukihiro Izawa	AD	AD＝43
アルツハイマー病患者における簡易知能検査と WAIS-Ⅲ の関連及び知能特性	原著	伊澤幸洋	AD	AD＝78
軽度アルツハイマー型痴呆における認知機能障害構造	学会抄録	北村世都	AD, AAMI	AAMI＝35, AD＝56
早発性及び晩発性アルツハイマー病患者における認知機能の低下	学会抄録	松岡恵子	AD	65歳以下発症の早発性＝9, 晩発性＝25
アルツハイマー型認知症と MCI における WAIS-Ⅲ の成績比較	学会抄録	渡辺健一郎	AD, MCI	AD＝10, MCI＝9
老年症候群に関与する脳皮質下虚血病変の危険因子解明に関する縦断的研究（脳皮質下虚血病変と総合機能白質病変を反映する精神運動速度と全般的認知機能の病型別の相関性の検討）	報告	葛谷雅文	AD, VD	AD＝73, VD＝11, 混合＝18
高齢者の生活支援のための心理検査の活かし方	原著	松田修	―	―
意味性認知症の前駆症状と考えられる 2 症例	症例	村山憲男	SD	SD＝2
MMSE24点以上の高齢者群における神経心理学的検査を用いた認知症の探索	原著	河野直子	AD	―
Alzheimer's Disease Assessment Scale 日本版（ADAS J cog）の有用性の検討	原著	山下光	AD	AD＝214, 健常者＝41
痴呆患者の神経心理及び精神病理学的研究, 前頭葉機能と痴呆についての研究	原著	武田明夫	AD, 前頭葉型痴呆	―
Probable DLB と Probable AD の神経心理学的鑑別	学会抄録	小田陽彦	DLB, AD	DLB＝26, AD＝78
WAIS-Ⅲ と WMS-R の得点差を用いた軽度認知障害の早期発見	原著	村山憲男	aMCI	健常群＝105, 早期 aMCI＝48, aMCI＝73
軽度アルツハイマー型痴呆における WAIS-R の臨床的有用性の検討	学会抄録	塚原さち子	SDAT	健常群－33, SDAT－28

な先行研究の概要 (その 1)

全体	言語性 IQ
WAIS の言語性 IQ から WMS の一般的記憶を引いた値が10点以下が健常、11点以上の場合は健忘型軽度認知障害 (aMCI) (Maruyama の研究からの引用)。	
四角形と作動記憶に関わる認知機能の低下が AD 移行の可能性。WAIS が AD の予測をできるか。	
AD, VD, Depression 群ともに PIQ が低下。	
抽象的思考能力と問題解決能力の低下、知覚体系化が AD において障害される。	
積木模様と理解が判別に有用。	
早発性 AD は晩発性 AD よりも動作性の項目が低下しやすい。言語性知能は明らかな低下がない。	
	MCI が有意に高い
MMSE と WAIS 符号の相関を検討。AD では認知症の進行に伴って白質病変が影響を与える。WAIS の符号が示す精神運動速度と白質病変との相関は、血管障害が強いほど大きくなる。WAIS-R は VD との相関が高い。MMSE＝24点以下では、AD との相関は認められなかったが、VD との高い相関が認められた。	
SD の早期発見に WAIS の言語理解が有用。	
MMSE＝24点以上の高齢者で、ロジットモデルに投入すると、WAIS の数唱・透視立体模写・単語流暢性課題・遅延再生試行が認知症の危険を示す。	
ADAS と WAIS-R の言語性・動作性 IQ が相関。	ADAS と相関
AD と前頭葉型痴呆では類似に有意差がある。	
WAIS の絵画配列と WMS の論理的記憶 2 が DLB と AD の鑑別に有用。	
WAIS の得点を病前の記憶機能の指標、WMS を現在の記憶機能の指標として両者を比較することで、平均的な記憶機能を有する早期 aMCI の記憶低下を的確に評価できる。	言語性課題は結晶性知能との関連が強く、認知症の影響が比較的少ないため、病前の記憶機能を推測する指標として妥当性が高い。「VIQ-WMS の一般的記憶 (cut off 値12/13)」「VIQ-遅延再生 cutoff 値14/15)」「言語理解――一般的記憶 cut off 値10/11)」での差が早期 aMCI 群の鑑別に有用

表 3-3-2　WAIS に関する主

タイトル	動作性 IQ	全検査 IQ	言語理解	知覚統合
変性性認知症の鑑別及び早期発見における神経心理学検査の役割				
amnestic MCI におけるアルツハイマー病移行への心理学的予測	AD 移行群の低下あり	AD 移行群の低下あり		AD 移行群の低下あり
WAIS-R のプロフィールを用いた Mild Cognitive Impairment とアルツハイマー型痴呆の比較	AD で低下			
アルツハイマー病における高次機能障害の特徴	AD, VD, Depression 群ともに PIQ が低下			
Wechsler Adult Intelligence Scale, 3rd Edition: Usefulness in the Early Dection of Alzheimer's Disease				
アルツハイマー病患者における簡易知能検査と WAIS-Ⅲの関連及び知能特性				
軽度アルツハイマー型痴呆における認知機能障害構造				
早発性及び晩発性アルツハイマー病患者における認知機能の低下				
アルツハイマー型認知症と MCI における WAIS-Ⅲの成績比較	MCI が有意に高い	MCI が有意に高い		
老年症候群に関与する脳皮質下虚血病変の危険因子解明に関する縦断的研究（脳皮質下虚血病変と総合機能白質病変を反映する精神運動速度と全般的認知機能の病型別の相関性の検討）				
高齢者の生活支援のための心理検査の活かし方				正常加齢でも低下
意味性認知症の前駆症状と考えられる 2 症例			SD の前駆症状では, WMS や前頭葉機能検査は正常でも言語理解が境界域の点数になる	
MMSE24点以上の高齢者群における神経心理学的検査を用いた認知症の探索				
Alzheimer's Disease Assessment Scale 日本版（ADAS J cog）の有用性の検討	ADAS と相関			
痴呆患者の神経心理及び精神病理学的研究, 前頭葉機能と痴呆についての研究				
Probable DLB と Probable AD の神経心理学的鑑別				
WAIS-Ⅲと WMS-R の得点差を用いた軽度認知障害の早期発見		「全検査 IQ-一般的記憶」「全検査 IQ-遅延再生」が健常群と早期 aMCI の鑑別に有用		
軽度アルツハイマー型痴呆における WAIS-R の臨床的有用性の検討				

な先行研究の概要（その 2）

作動記憶	処理速度	絵画完成	単語	符号	類似	積木模様	算数
						DLB で障害されやすい	
AD 移行群の低下あり。WAIS では言語に特化した作動記憶が低い							
					AD で低下		
				うつでは低下しないが AD で低下	AD で低下		
				AD の重症度で差が出る	AD の重症度で差が出る		AD の重症度で差が出る
			AD は比較的保持		有意に低成績	視覚性認知・注意の評価をするが AD の指標とはなりにくい	
						軽度 AD の判別に有用	
				晩発性に比べて有意に低下の度合いが大きい		1-2 年後に早発性が有意に低下	1-2 年後に早発性が有意に低下
		MCI が有意に高い	MCI が有意に高い	MCI が有意に高い	MCI が有意に高い	MCI が有意に高い	MCI が有意に高い
				血管障害の要素が強いほど MMSE との相関が高い			
正常加齢でも低下	正常加齢でも低下						
					AD と前頭葉型痴呆に有意な差がある		
		軽度 SDAT（軽度アルツハイマー型認知症）で低下				SDAT では低下は顕著ではない	

94

表 3-3-2　WAIS に関する主

タイトル	行列推理	数唱	知識
変性性認知症の鑑別及び早期発見における神経心理学検査の役割			
amnestic MCI におけるアルツハイマー病移行への心理学的予測			
WAIS-R のプロフィールを用いた Mild Cognitive Impairment とアルツハイマー型痴呆の比較			
アルツハイマー病における高次機能障害の特徴			AD で低下
Wechsler Adult Intelligence Scale, 3rd Edition: Usefulness in the Early Dection of Alzheimer's Disease		AD の重症度で差が出る	
アルツハイマー病患者における簡易知能検査と WAIS-Ⅲ の関連及び知能特性	AD の影響を受けにくい領域	順唱は AD の影響を受けにくい	
軽度アルツハイマー型痴呆における認知機能障害構造			
早発性及び晩発性アルツハイマー病患者における認知機能の低下			
アルツハイマー型認知症と MCI における WAIS-Ⅲ の成績比較	差はない	差はない	MCI が有意に高い
老年症候群に関与する脳皮質下虚血病変の危険因子解明に関する縦断的研究（脳皮質下虚血病変と総合機能白質病変を反映する精神運動速度と全般的認知機能の病型別の相関性の検討）			
高齢者の生活支援のための心理検査の活かし方			
意味性認知症の前駆症状と考えられる 2 症例			
MMSE24点以上の高齢者群における神経心理学的検査を用いた認知症の探索		MMSE＝24点以上の高齢者において，認知症の危険を示す因子となりうる	
Alzheimer's Disease Assessment Scale 日本版（ADAS J cog）の有用性の検討			
痴呆患者の神経心理及び精神病理学的研究．前頭葉機能と痴呆についての研究			
Probable DLB と Probable AD の神経心理学的鑑別			
WAIS-Ⅲ と WMS-R の得点差を用いた軽度認知障害の早期発見			
軽度アルツハイマー型痴呆における WAIS-R の臨床的有用性の検討		SDAT では低下は顕著ではない	軽度 SDAT で低下

な先行研究の概要（その 3 ）

絵画配列	理解	記号探し	語音整列
DLB で障害されやすい			
AD で低下			
	AD で低下		
	AD の重症度で差が出る	AD の重症度で差が出る	AD の重症度で差が出る
	AD で有意に低成績	視覚性認知・注意の評価をするが，AD の指標とはなりにくい	
	AD の判別に有用		
1-2 年後に早発性が有意に低下．晩発性に比べて有意に低下の度合いが大きい	ベースラインで早発性 AD が有意に低い		
差はない	MCI が有意に高い	MCI が有意に高い	MCI が有意に高い
DLB で有意に低成績			

向け短期間保持し，記憶の中でその情報を処理して回答する能力である（日本版 WAIS-Ⅲ刊行委員会，2009）。WAIS では言語性の作動記憶が測定される。藤田（2015）は「作業したり考えたりする際，必要な別の事柄を記憶し活用できる能力である。複数のことを頼まれると覚えていない，あるいは少し前に見聞きしたことや考えていたことを思い出せないようであれば日常生活や社会生活を送ることは難しいが，作動記憶の機能低下はそのようなことに関係している」と述べている（日本版 WAIS-Ⅲ刊行委員会，2009）。岡崎（2015）は作動記憶について，aMCI の中で，アルツハイマー病移行群の低下が有意に認められたとしている。さらに言語性に特化した WAIS の作動記憶のみならず，言語性と視覚性の両方を測定する WMS-R の作動記憶も低下していることから，記憶障害を有する軽度認知障害（aMCI）の作動記憶の低さがアルツハイマー病への進行を予測する指標となりうるとしている。

　「**処理速度**」は視覚情報を素早く処理する能力を測定している（日本版 WAIS-Ⅲ刊行委員会，2009）。処理速度は様々な神経心理学的な状態に非常に鋭敏である。しかし，先行研究で明確な所見を示したものは見当たらなかった。

⑵言語性 IQ と動作性 IQ の検討

　前述したように WAIS では動作性 IQ 言語性 IQ という概念が使用されなくなりつつある。しかしながら，高齢者の WAIS に関する先行研究では，この二つの概念による考察が多く認められた。そこで，ここでは，補足的に動作性 IQ・言語性 IQ という概念によって先行研究の結果を整理する。

　「動作性 IQ」は WAIS の中でも流動性推理・空間処理・詳細な部分への注意・視覚運動統合を測定するとされ，クライアントにとっては新奇の課題が多い（日本版 WAIS-Ⅲ刊行委員会，2009）。岡崎（2015），西萩（2006），竹中（1995），渡辺（2009）の研究結果でも，アルツハイマー病の動作性 IQ が低くなることが示されている。一方，山下（1998）はアルツハイマー病の状態を

把握する Alzheimer's Disease Assessment Scale 日本版（ADAS J cog）と，「動作性 IQ」「言語性 IQ」ともに相関が高かったと述べており，アルツハイマー病によって知能全体が影響を受けると推察している。

　一方，村山（2016）は，「WAIS の言語性課題は結晶性知能との関連が強く，アルツハイマー病病変を含めた生理的変化からの影響が流動性知能よりも少ない。高齢になっても比較的よく維持されている」との繁枡（2013）の記述を引用している。そして，言語性課題は結晶性知能との関連が強く，認知症の影響が比較的少ないため，病前の記憶機能を推測する指標として妥当性が高いと述べている。

　これらより，動作性 IQ は多くの研究でアルツハイマー病での低下を示す結果が出されており，鑑別の一助となると考えられる。一方で，言語性 IQ については維持傾向が強いと考えられる。

(3)WAIS 下位検査ごとの特徴

　前述したように WAIS-Ⅳが刊行され下位検査が改訂されている。しかし，先行研究では WAIS-Ⅳを用いたものはほとんどないことから，本書では WAIS-Ⅲの下位検査で検討する。

　「絵画完成」は視覚認知が測定され，視覚刺激に反応する能力や現実検討能力が求められる（藤田，2015）（黒川，2005）。塚原（2002）らの研究では，軽度アルツハイマー病の状態でも低下するとしている。

　「単語」は語彙に関する知識が問われ（藤田，2015），意味記憶の能力なども求められる（黒川，2005）。「単語」に関して特定の研究結果は認められなかった。伊澤（2012）は単語については加齢の影響が少なく比較的保たれており，その原因として意味記憶に関する内容なので加齢の影響を受けにくいことをあげている。

　「符号」は短期記憶や注意集中力を含む精神運動速度が測定される（藤田，2015）（黒川，2005）。符号について，Izawa（2009）はアルツハイマー病の重

症度によって差が出るとしている。さらに，松岡（2004）は若年性アルツハイマー病の方が晩発性アルツハイマー病に比べて低下の度合いが大きいとしている。加えて，葛谷（2006）は高齢者の場合はアルツハイマー病と脳血管性認知症が混在している場合があるが，血管障害の度合いが大きいほど符号の得点と MMSE の得点が相関しているとしている。なお，竹中（1995）は老年期うつ病（抑うつ障害）では符号の得点が比較的保たれるが，それに比べてアルツハイマー病では低下するとしている。これらより，「符号」の得点はアルツハイマー病により影響を受けており，重症度や発症時期が関係する可能性が高いと考えられる。

　「類似」は論理的で抽象的（カテゴリー的な）思考を測定し（藤田，2015），類推力や上位概念発見能力なども求められる（黒川，2005）。類似については，伊澤（2012）によって，加齢の影響で低下することが示されている。これは加齢により言語的抽象思考力が低下するためであるとされる。そして，アルツハイマー病は，言語理解の中でも特に類似の点数が，他の下位検査と比較して低下するとしている。伊澤（2012）以外にも，類似についてアルツハイマー病で得点が低下するとの研究結果は多く認められた。例えば，西萩（2006）は，軽度認知障害（MCI）に比べてアルツハイマー病で得点が低下しており，認知障害が進行するにつれて類似の機能は低下すると述べている。さらに，竹中（1995）も同様の結果を示しており，アルツハイマー病は有意に低成績であるとしている。さらに，鑑別診断の材料として，武田（1997）がアルツハイマー病と前頭側頭葉変性症との間に有意な差があるとしている。これらより，「類似」はアルツハイマー病において特徴的な低得点を示すと考えられる。

　「積木模様」は全体から部分への理解（分析方略），非言語的概念形成を測定するとされる（黒川，2005）。空間関係の把握や構成能力も求められる。村山（2013）はレビー小体型認知症（DLB）で障害されやすいと述べている。アルツハイマー病については，塚原（2002）は軽度のアルツハイマー病では

低下は顕著でないとしている。伊澤（2012）も視覚性認知や注意の測定ができるが，必ずしもアルツハイマー病の頭頂葉病変に起因する視空間認知障害を反映するわけではないとしている。一方で，松岡（2004）は進行の早いアルツハイマー病で低下傾向としており，北村（2001）も加齢関連性記憶障害（age-associated memory impairment; AAMI）とアルツハイマー病との判別への寄与率が高いとしている。このことから，「積木模様」はレビー小体型認知症で低下すると考えられるが，アルツハイマー病については見解が一致しないと推察される。

　「算数」は数概念や計算力，集中力が測定される（黒川，2005）。Izawa（2009）がアルツハイマー病の重症度によって変化すること，渡辺（2009）が軽度認知障害（MCI）の「算数」の得点がアルツハイマー病に比べて高いといった結果を示している。

　「行列推理」は類推的推理や時間制限がない場合の非言語的問題解決能力が測定されるとされる（黒川，2005）。伊澤（2012）によれば，アルツハイマー病では，行列推理とMMSE・HDS-Rとの相関が低いとされる。行列推理は，選択肢の中から一つの正解をしぼりこむ問題であり，視覚刺激に対する収束性の思考といえる。よって，アルツハイマー病の影響は受けにくいと考えられる。

　「数唱」は短期記憶や即時想起や注意を見る問題である（黒川，2005）。伊澤（2012）は特に順唱は言語性即時記憶であるので，アルツハイマー病の初期には影響を受けにくいとしており，高成績であると述べている。渡辺（2009）や塚原（2002）も老年期のアルツハイマー病での低下は顕著ではないとしている。西萩（2006）も軽度認知障害（MIC）と比べた場合でもアルツハイマー病では低下は顕著でなく，維持傾向としている。一方で，河野（2008）はMMSE＝24点以上の高齢者において，認知症の危険を示す因子となりうるとしている。これらを総括すると，特に順唱は即時再生する課題であるので，アルツハイマー病の影響を受けにくいと考えるのが妥当であろう。

　「知識」は一般的知識や意味記憶を測定する問題で構成され，基本的には結晶性知能に近く加齢によっても比較的保たれているとされる（黒川，2005）。しかし，竹中（1995）はアルツハイマー病で低下すると述べている。また，塚原（2002）も軽度アルツハイマー病で低下すると述べている。これらより，「知識」もアルツハイマー病の影響を受けるのかもしれない。

　「絵画配列」は結末の予想や，時間的順序の理解および時間概念の能力が求められる（黒川，2005）。また，全体的な状況を把握する能力や計画力・予測力・論理性が求められる。小田（2008）はレビー小体型認知症（DLB）とアルツハイマー病の艦別に有用であるとしており，レビー小体型認知症（DLB）が有意に低成績であると述べている。村山（2013）も同様にレビー小体型認知症（DLB）が低成績であるとしている。アルツハイマー病で言えば，西萩（2006）が低下を報告しており，松岡（2004）は早発性アルツハイマー病の「絵画配列」の予後の悪さを報告している。一方で，渡辺（2009）はアルツハイマー病と軽度認知障害に有意差はなかったと述べている。これらより，レビー小体型認知症（DLB）では低下が明らかであるが，アルツハイマー病については見解が分かれていると推察される。

　「理解」は実践的知識の言語化能力が求められる（黒川，2005）。また，過去の経験の想起と利用，慣習的な行動基準についての知識も必要である。つまり，生活場面での理解力や問題解決能力が求められていると言える。「理解」は加齢によって低下するとされており，これは言語的抽象能力の低下と社会通念による行動コントロールの減弱によると考えられている。北村（2001）は加齢関連性記憶障害（AAMI）からアルツハイマー病判別の寄与率が高く，アルツハイマー病の艦別に有用であるとしている。Izawa（2009）もアルツハイマー病の重症度によって差が出ると述べている。加えて，竹中（1995）や伊澤（2012）はアルツハイマー病が有意に低成績であるとしている。さらに，松岡（2004）は早発性アルツハイマー病の成績が有意に低いことを示している。これらより，「理解」はアルツハイマー病によって得点が低下

すると考えられる。

　「記号さがし」は視覚的探査の速さが求められる（黒川，2005）。伊澤（2012）は視覚性認知・注意の評価をするが，アルツハイマー病の指標とはなりにくいとしている。

　「語音整列」は五十音や数字の順序の熟達が必要とされ，ワーキングメモリの能力も必要となる（黒川，2005）。語音整列について，Izawa（2009）がアルツハイマー病の重症度との関連を，渡辺（2009）が軽度認知障害との比較から低下を示唆しているが，それ以外に特記すべき先行研究は見当たらなかった。

　以上のような先行研究の検討より，WAISの下位検査ごとにみると，アルツハイマー病患者の「符号」「類似」「理解」の得点低下については複数の先行研究で見解が一致している。よってアルツハイマー病の鑑別に使用できる。「算数」「知識」「絵画完成」「語音整列」は低下の可能性があるが先行研究の数は少ない。一方で，アルツハイマー病の影響を受けにくい下位検査として「単語」「行列推理」「数唱（順唱）」「記号探し」があると考えられる。なお，「積木模様」「絵画配列」については，アルツハイマー病に関する研究結果は一致していない。

　レビー小体型認知症では，「絵画配列」の得点が低下し，鑑別の一助となると考えられる。また，「積木模様」も低下の可能性がある。

(4)WMS と WAIS の併用に関する検討

　WMS（Wechsler Memory Scale）は成人の記憶を測定するために開発された心理査定である。適応年齢は16-74歳であるが，記憶障害を臨床的に評価することを目的に行われるため，圧倒的に高齢者での使用が多い。WMSは13の下位検査から構成されている（表3-3-3）。結果は，「一般的記憶」と「注意／集中」の2つの主要な指標で示される。一般的記憶は，「言語性記憶」と「視覚性記憶」の2つに細分化される。加えて，「遅延再生」も求め

表 3-3-3　WMS の検査内容

下位検査	内容
情報と見当識	名前，年齢，生年月日，出生地，家族の名前などの質問 時間見当識，場所の見当識
論理的記憶 1（即時）	短い物語を読み聞かせ，記憶を頼りに物語を話す
言語性対連合 1（即時）	8 つの単語対（学校と八百屋など）を読み上げ，前半の刺激語に応じて，対の言葉を再生する
図形の記憶	図案を提示し，その後複数の図案から先に覚えた図案を選択する
視覚性対連合 1（即時）	図案と色が対になったカードを提示し，その後図案を提示して対になった色を同定する
視覚性再生 1（即時）	幾何学模様が描かれたカードを提示し，その直後に幾何学模様を再生して描画する
精神統制	数字や文字の系列を繰り返す。例えば，「20 から 1 まで逆に数えてください」「"あ" から順に五十音を言ってください」
数唱（順唱・逆唱・合計）	数列を読み上げ，順唱・逆唱を行う
視覚性記憶範囲（同順序・逆順序・合計）	8 つの四角が描かれたカードを用いて，検査者が四角を順に触る。その順番と同じように，被験者も四角に触る
論理的記憶 2（遅延再生）	論理的記憶 1 で覚えた物語を話してもらう
視覚性対連合 2（遅延再生）	視覚対連合 1 で使用した図案に対応する色を答える
言語性対連合 2（遅延再生）	言語性対連合で覚えた単語対をもう一度答える
視覚性再生 2（遅延再生）	視覚性再生 1 で提示した幾何学模様を思い出して描画する

（杉下盛弘：日本版ウェクスラー記憶検査法 WMS-R. 日本文化科学社. 東京. 2001 より引用）

ることができる。つまり 5 つの記憶指標として「**言語性記憶指標**（verbal memory index; VeMI）」「**視覚性記憶指標**（visual memory index; ViMI）」「**一般的記憶指標**（general memory index; GMI）」「**注意／集中力指標**（attention and concentration index; ACI）」「**遅延再生指標**（delayed recall index; DRI）」を出すことができる。臨床的には 70 未満が記憶障害を示すとされる。

　WMS の先行研究としては以下のようなものが散見される（表 3-3-4）。岡

崎（2015）はアルツハイマー病移行群では，視覚性記憶と一般的記憶，注意／集中力で初診時から低下が見られ，視覚系と作動記憶に関わる認知機能の低さがアルツハイマー病移行の可能性を予測する指標になりうると述べている。中村（2011）はアパシーを評価する意欲評価スケール（CAS1）とWMS-Rの論理的記憶1が有意に相関し，記憶のencodingとアパシーが関連すると述べている。一方で，杉村（2007）はWMSの論理的記憶1は脳血流の左側前頭前野・前部帯状回（主に前頭葉）と相関しているとした上で，アルツハイマー病の脳血流低下は帯状回後部から頭頂葉であるので，論理的記憶はaMCIの鑑別には適さないのではないかと述べている。これらをまとめると，WMSに関して認知症との関連を示す先行研究は少ないように思われる。また，見解も一致しているとは言い難い。

　近年では，WMSの点数のみではなく，WAISとの得点差によって認知症移行への予測をしようとする試みがなされている（村山，2016）。これは，WAISの得点を病前の記憶機能の指標，WMS-Rを現在の記憶機能の指標として両者を比較することで，aMCIの記憶機能低下を的確に評価できるとする考え方による。例えば，Murayama（2013）はアルツハイマー病に移行する可能性が高く記憶機能低下を主とする記憶障害を有する軽度認知障害（aMCI）を鑑別するためには，WAIS-Ⅲの言語性IQからWMS-Rの一般的記憶を引いた得点が有用であるとしている。具体的にはその差が10点以下の時は健常，11点以上の時は高い精度で記憶障害を有する軽度認知障害（aMCI）が疑われるとされている。その後，村山（2016）は健常群と早期aMCIとの鑑別について，WAISとWMSの得点差を用いた方法を提唱している。「（WAISの言語性IQ）－（WMSの一般的記憶）（cut off値12/13）」「（言語性IQ）－（遅延再生）（cut off値14/15）」「（言語理解）－（一般的記憶）（cut off値10/11）」での差が早期の記憶障害を有する軽度認知障害（aMCI）群の鑑別に有用であるとしている。特に，「（全検査IQ）－（一般的記憶）」「（全検査IQ）－（遅延再生）」が健常群と早期の記憶障害を有する軽度認知障害（aMCI）の鑑別に有

表 3-3-4　WMS に関す

タイトル	形式	著者	WAIS の先行研究との重複	対象	人数
地域在住の軽度認知症高齢者におけるアパシーの有病率と神経心理学的検討	短報	中村馨	—	MCI	健常 (CDR:0) = 52, MCI (CDR:0.5) = 108, 認知症 (CDR:1) = 29
Neuropsychological detection of the early stage of without objective memory impiarment	article	Murayama	—	MCI	健常 = 105, aMCI = 73, aMCI 疑い = 48
MCI の抽出に用いられる記憶検査と局所脳血流の関係	原著	杉村美佳	—	aMCI	aMCI = 32
WAIS-Ⅲ と WMS-R の得点差を用いた軽度認知障害の早期発見	原著	村山憲男	重複	aMCI	健常群 = 105, 早期 aMCI = 48, aMCI = 73
amnestic MCI におけるアルツハイマー病移行への心理学的予測	原著	岡崎由美子	重複	aMCI	aMCI = 28 (AD 移行群 = 15, 　AD 非移行群 = 13)

る主な先行研究の概要

全体	言語性 記憶指標	視覚性 記憶指標	一般的記憶指標	注意／ 集中力指標	遅延再生指標
アパシーを評価する意欲評価スケール（CAS1）とWMS-Rの論理的記憶1が有意に相関し，記憶のencodingとアパシーが関連する。					
ADに移行する可能性が高く記憶機能低下を主とする健忘型軽度認知障害（aMCI）を鑑別するために，WAIS-Ⅲの言語性IQからWMS-Rの一般的記憶を引いた得点が有用。10点以下の時は健常，11点以上の時は高い精度でaMCIが疑われる。					
WMSの論理的記憶1では脳血流の左側前頭前野・前部帯状回（主に前頭葉）と相関。ADの脳血流低下は帯状回後部から頭頂葉であるので，論理的記憶はaMCIの鑑別には適さない可能性。					
WAISの得点を病前の記憶機能の指標，WMSを現在の記憶機能の指標として両者を比較することで，記憶機能を有する早期aMCIの記憶低下を的確に評価できる。			「WAISのVIQ-WMSの一般的記憶（cut off値12/13）」が早期aMCIの鑑別に有用		「VIQ-遅延再生cut off値14/15）」
AD移行群では，視覚性記憶と一般的記憶，注意／集中力で初診時から低下が見られ，視覚系と作動記憶に関わる認知機能の低さがAD移行の可能性を予測する指標になりうる。		AD移行群で初診時から低下	AD移行群で初診時から低下	AD移行群で初診時から低下	

用であったと述べている。

　これらを総括すると，WMS単体での記憶検査というよりはWAISと併用するという新しい方法で老年期の認知症移行群の予測に有用になる可能性がある。

⑸CHCモデルからみた老年期のWAIS

　昨今，WAIS-Ⅳの構成概念について，**Cattell-Horn-Carroll（CHC）モデ**ルの広範的能力の分類から捉えることが増えている（山中，2015）。CHCモデルでは，「言語理解」が「結晶性性能力（Gc）」に，「知覚推理」が「流動性能力（Gf）」と「視覚処理（Gv）」に，「ワーキングメモリ」が「短期記憶（Gsm）」に，「処理速度」が「スピード（Gs）」に相当するとされている。「言語理解」（「結晶性性能力（Gc）」）は50歳ぐらいまで得点が上昇し，その後低下は見られるものの，低下の程度は緩やかでレベル維持がされていると報告されている。一方で，「知覚推理」（「流動性能力（Gf）」と「視覚処理（Gv）」）と「処理速度」（「スピード（Gs）」）は若い年代から直線的に低下しているとされる。特に，「処理速度」（「スピード（Gs）」）は低下の割合が大きいという。「ワーキングメモリ」（「短期記憶（Gsm）」）は25〜60歳近くまで安定しているが，60歳以降に急激に低下するという。これらをまとめて，山中（2015）は老年期の日常生活への置き換えをしている。それによると，老年期には状況を理解したり物事に取り組むスピード（Gs）が極端に低下し，二次元・三次元的な視覚操作（Gv）や未経験の操作（Gf）が苦手になるとしている。さらに，注意の範囲が狭くなり，物事を同時に考えたり処理したりすること（Gsm）も苦手になるとしている，一方で，これまでの知識や経験（Gc）は高いレベルが維持されていて，特に熟練した知識技術に関しては一般的な高齢者と比べてもスピード（Gs）の低下が少ないとされている。これらの知見は，老年期のクライアントへの支援の参考となるであろう。

第 4 節　記銘力検査：ベントン視覚記銘検査

　WAIS は知能の状態を詳細に把握することができるが，施行時間が90分から120分と長時間を要する。また，WMS は記憶障害を判定する心理査定としては優れているが，これも施行時間が60分程度と時間が長い。よって，老年期のクライアントには施行が困難であったり負担が大きくなりすぎる場合が多い。一方，ベントン視覚記銘検査は15分程度で施行でき MMSE との併用の有効性も示されている（清水，2014）。そこで比較的に臨床現場で多く使用されているのが，ベントン視覚記銘検査である。本節では，ベントン視覚記銘検査の先行研究を検討し，その特徴について検討する。検討に際しては，第 2 節の MMSE や第 3 節のウェクスラー法の検討と同様に，特定の疑問に関して先行研究を網羅的に調査し，同質の研究をまとめ評価しながら分析を行うシステマティック・レビュー（鳩間，2015）（牧本，2013）の方法を応用して行うこととした。

　ベントン視覚記銘検査に関する論文を選定するために，第一回のスクリーニングを実施した。Med line，CiNii，J-Dream のデーターベースで認知症×ベントン視覚記銘検査で検索したところ76件が抽出された。この中から，重複等を削除し，Abstract を検討し 7 つの先行研究を選定した。さらに，選定基準として，量的研究である，あるいは認知症の診断が適正になされていることとし，再度選定を行った。その結果，6 件の論文が選定された（図3-3-1）。

(1)ベントン視覚記記銘検査の概要（表 3-4-1）

　ベントン視覚記銘検査は，1945年に Benton，A.L. により開発された検査である（高橋，2010）。刺激図版が10枚あり，形式Ⅰ・Ⅱ・Ⅲの 3 つのセットで構成されている。つまり，刺激図版としては30枚あるということになる。この 3 つのセットの再検査信頼性係数は α = .85程度であることから，別の

108

形式を採用しても同等の結果が出ると考えられる。ただし，形式Ⅰが形式Ⅱよりもわずかに難易度が高いという説もある。

　ベントン視覚記銘検査は，正確数と誤謬数から全般的知能水準の推定が可能であるとされる（滝浦，2007）。さらに，誤謬数やそのパターンから視覚・視空間構成機能障害の評価ができるとされている。また，認知症の重症度を示す**全般的重症度（Clinical Dementia Rating; CDR）**（表3-4-2）との相関も示されていて，視空間認知機能と臨床的重症度との相関が高いことが示されている（橋爪，2004）。

　実施の方法は，4種類に分けられる。施行Aが図版を10秒間提示し直後に再生して描画，施行Bが図版を5秒提示し直後に再生，施行Cが図版を模写，施行Dが10秒間提示し15秒後に再生して描画させるというものである。施行A・Bは即時再生課題，施行Dは遅延再生であるが提示と再生の間に干渉課題はないので，広い意味での即時再生課題であるとされている（滝浦，2007）。施行Cについては，脳損傷患者を対象に，記銘の問題よりは視空間構成機能や視空間的把握能力の評価に用いることが多い。つまり，施行Cについては，記憶検査というよりも視空間構成機能障害や半側空間無視などを評価する意味合いが強いと考えられている。

　なお，ベントン視覚記銘検査は，元の知的機能（教育歴）や生活状況（自立か施設入居か）などによっても正確数や誤謬数が違ってくることが指摘されているので，学歴や生活状況なども検査時に聴取しておくと有用である。

表3-4-1　ベントン視覚記銘検査の誤謬数の採点方法

誤謬の種類	概要	略語	誤謬の内容	誤謬がつく形式Ⅰの図版
省略	図版1,2	M	1個の大きい図形を省略。	1,2のみ
	大きい図形の省略	MR	右の大きい図形を省略。図形を再生する余白はある。	3,4,5,6,7,8,9,10
		MR!	右の大きい図形が，余白がないために省略されている。	3,4,5,6,7,8,9,10
		ML	左の大きい図形を省略。図形を再生する余白はある。	3,4,5,6,7,8,9,10

		ML!	左の大きい図形が，余白がないために省略されている。	3,4,5,6,7,8,9,10
	周辺図形の省略	PR	右の周辺図形を省略	3,6,7,8,10
		PL	左の周辺図形を省略	4,5,9
	追加	Add	原画にないものを付け加えている。	
ゆがみ（形が違う）	図版1,2	SM	図版1,2の大きい図形を簡単な置き換え（ex.ナナメ平行四辺形を正方形，六角形を五角形）によって不正確に再生	1,2のみ
	簡単な置き換え	SMR	右の大きい図形を簡単な置き換えによって，不正確に再生（ex.正方形の代わりに円，五角形の代わりに三角形）	3,4,5,6,7,8,9,10
		SML	左の大きい図形を簡単な置き換えによって，不正確に再生（ex.正方形の代わりに円，五角形の代わりに三角形）	3,4,5,6,7,8,9,10
		SPR	右周辺図形を簡単な置き換えによって不正確に再生	3,6,7,8,10
		SPL	左周辺図形を簡単な置き換えによって不正確に再生	4,5,9
	複雑な間違いや歪み	IM	図形1,2の大きい図形を図形内部の細部の省略・追加，置き違い，図形の分裂または図形の多様再生で不正確に再生（簡単な置き換えや回転を除く）	1,2のみ
		IMR	右の大きい図形を図形内部の細部の省略・追加，置き違い，図形の分裂または図形の多様再生で不正確に再生（簡単な置き換えや回転を除く）	3,4,5,6,7,8,9,10
		IML	左の大きい図形を図形内部の細部の省略・追加，置き違い，図形の分裂または図形の多様再生で不正確に再生（簡単な置き換えや回転を除く）	3,4,5,6,7,8,9,10
		IMC	図版3について，中央で重なっている部分に限って不正確に再生	3
		IPR	右の周辺図形の省略・追加，置き違い，図形の分裂または図形の多様再生で不正確に再生（簡単な置き換えや回転を除く）	3,6,7,8,10
		IPL	左の周辺図形の省略・追加，置き違い，図形の分裂または図形の多様再生で不正確に再生（簡単な置き換えや回転を除く）	4,5,9
保続	一つ前に示された図版の図形を再生すること（保続が連続することもある）	PerM	図版1の内容が図版2に保続	2
		PerMR	右の大きい図形を描写するときに保続	3,4,5,6,7,8,9,10
		PerML	左の大きい図形を描写するときに保続	3,4,5,6,7,8,9,10
		PerPR	右の周辺図形を描写するときに保続	3,6,7,8,10
		PerPL	左の周辺図形を描写するときに保続	4,5,9

110

回転	図版1,2の平面回転	180M	図版1,2の図形が180度平面回転（上下が逆になる）	1のみ
		90M	図版1,2の図形が90度平面回転	1,2のみ
		45M	図版1,2の図形が45度平面回転	1,2のみ
	図版3以降の大きい図形の平面回転	180MR	右の大きい図形が180度平面回転（上下が逆になる）	4,5,6,9,10
		180ML	左の大きい図形が180度平面回転（上下が逆になる）	5,6,7,8,9
		90MR	右の大きい図形が90度平面回転（もしくは270度回転）	4,5,6,7,9,10
		90ML	左の大きい図形が90度平面回転（もしくは270度回転）	5,6,7,8,9,10
		45MR	右の大きい図形が45度平面回転	4,5,6,7,8,9,10
		45ML	左の大きい図形が45度平面回転	5,6,7,8,9,10
	図版3以降の周辺図形の平面回転	180PR	右の周辺図形が180度平面回転（上下が逆になる）	7,8
		180PL	左の周辺図形が180度平面回転（上下が逆になる）	なし
		90PR	右の周辺図形が90度平面回転（もしくは270度回転）	7,8
		90PL	左の周辺図形が90度平面回転（もしくは270度回転）	なし
		45PR	右の周辺図形が45度平面回転	3,7,8
		45PL	左の周辺図形が45度平面回転	4,9
	角の上が辺の上	StM	角の上に載っている図版1または2の図形が45度平面回転して辺の上に載っているように描写	なし
		StMR	角の上に載っている右の大きい図形が45度平面回転して辺の上に載っているように描写	7,10
		StML	角の上に載っている左の大きい図形が45度平面回転して辺の上に載っているように描写	7,10
	空間回転（鏡像）	Mir	図版全体が180度空間回転（鏡像）	3,4,5,6,7,8,9,10
		MirMR	右の大きい図形が180度空間回転（鏡像）	6,9,10
		MirML	左の大きい図形が180度空間回転（鏡像）	6,7,9,10
	平面回転と空間回転が同じ	180MR (Mir)	右の大きい図形が180度平面回転、あるいは180度空間回転（鏡像）のいずれかに採点できる（回転すると左右が対称になり、上下は対称になっても同じもの）	なし
		180ML (Mir)	左の大きい図形が180度平面回転、あるいは180度空間回転（鏡像）のいずれかに採点できる（回転すると左右が対称になり、上下は対称になっても同じもの）	9
		90MR (Mir)	右の大きい図形が90度平面回転、あるいは180度空間回転（鏡像）のいずれかに採点できる（中の対角線などが対称に描かれている場合）	6
		90ML (Mir)	左の大きい図形が90度平面回転、あるいは180度空間回転（鏡像）のいずれかに採点できる（中の対角線などが対称に描かれている場合）	6,7,10

	左右の図形の上下の大きなズレ	VerM	2つの大きい図形を通る水平軸がずれているとき。他方の大きい図形の中央線を通る線にかかっていないときに採点される	3,4,5,6,7,8,9,10
置き違い（一つの図形で一つしかつかない）	図形同士の位置関係	Rev	2つの大きい図形の相対的な位置が左右逆転	4,5,6,7,8,9,10
		Nov	重なっている大きい図形を重なっていないものとして再生	3
		Ov	重なっていない大きい図形を重ねて再生	4,5,6,7,8,9,10
	周辺図形の置き違い	MisPR	右周辺図形の位置が違っている（大きい図形の左・間・内側・下）	3,6,7,8,10
		MisPL	左周辺図形の位置が違っている（大きい図形の右・間・内側・下）	4,5,9
		UPR	右周辺図形が上方へ転位	3,6,7,8,10
		UPL	左周辺図形が上方へ転位	4,5,9
		DPR	右周辺図形が下方へ転位	3,6,7,8,10
		DPL	左周辺図形が下方へ転位	4,5,9
大きさの誤り	大きい図形	SzMR	右の大きい図形が左の大きい図形の3/5より小さいとき	3,4,5,6,7,8,9,10
		SzML	左の大きい図形が右の大きい図形の3/5より小さいとき	3,4,5,6,7,8,9,10
	周辺図形	SzPR	右周辺図形の大きさが二つの大きい図形の3/5より大きいとき	3,6,7,8,10
		SzPL	左周辺図形の大きさが二つの大きい図形の3/5より大きいとき	4,5,9

（高橋剛夫訳：日本版ベントン視覚記名検査使用手引き．三京房，京都，2010より引用加筆）

⑵採点方法（表3-4-1）

　採点は，「**正確数**」と「**誤謬数**」により行う（高橋，2010）。正確数は全か無かの二者択一で，正確であれば1点，一つでも誤りがあれば0点となる。したがって正確数は0から10点の間となる。

　誤謬数は加点方式である。誤謬の種類は大きく6つの領域に分けられている。したがって，一つの図形に複数の誤謬が採点されることもある。誤謬の第一が「**省略**」及び「**追加**」である。図形を描かなかったときに採点される。加えて，図版にない図形を描く追加もここで誤謬として採点される。第二が「**ゆがみ**」である。簡単に言えば形が違っている場合に採点されるもので，大きく分けて簡単な置き換えによって不正確に再生した場合と，複雑な間違いや歪みによって再生した場合の2種類がある。第三は，「**保続**」で，今示

表 3-4-2　参考資料：全般的重症度（Clinica Dementia Rating; CDR）による認知症の重症度と臨床症状

CDR のランク	症状	備考
0	忘れていても言えば思い出せる。ど忘れ。	
	日常生活におけるエピソードの枠組みは保たれており，細かい情報については手かがり再生や再認ができる。	
0.5	エピソード記憶の枠組みはなんとか保持。情報が部分的にかける（細かい物忘れがある）。	AD に特徴的
	再認がなんとか可能。	AD に特徴的
	毎日ではなくても一貫した物忘れがある。	
	時間の見当識障害や場所の見当識障害が認められる場合もある（橋爪，2004）。	
	ヒントや再生が有効。	
1	時間の見当識の障害。	
	場所の見当識は良好（時々生活場面で方向定位や道順・地誌的記憶の障害がある）。時々道に迷う。	
	普段の物忘れがあり，一貫して続き，昨年に比べて悪くなったために生活に支障。	
	3-4 週間前の出来ごと（エピソード）の枠組みが保たれていない。	
	流暢性課題に障害がではじめる。例えば HDS-R の「野菜を知っている限り言ってください」など。	AD に特徴的
	遅延再生課題が即時再生課題に比して著しく低下。	AD に特徴的
	単語再生で不正解が多い。	
	類似性（ペンと鉛筆は筆記用具など）と差異（砂糖と塩の違いは調味料の違う味）の障害。	
	地域社会活動は一見正常ともみえる。表面的に関わっていることがあり援助が必要。	
	料理などの複雑な家事が障害されている。	
	言葉による促しが必要であるが身体介助は必要無い。	
2	場所の見当識の障害，空間認知の障害（目を閉じて入口の方向を指し示す）などができない。	
	MMSE の三段階命令に障害が出てくる。	AD に特徴的
	MMSE の読字に障害が出てくる。	AD に特徴的
	左右認知の障害（右手を挙手，左手で右の耳を触るなど）。	AD に特徴的

	テーブルを拭く，お茶碗を下げる，布団の上げ下ろしなどはできるが，料理などはできない。	
	身体介助が必要。	
3	食事とは関係なくテーブルを機械的に拭く。	
	意味のある生活活動が困難。	

（目黒健一：認知症早期発展のための CDR 判定ハンドブック．医学書院，東京，2011を引用加筆）
*表 3-4-3 の参考資料

されている図版の一つ前の図版にある図形を再生した場合に採点される。保続は何枚かの図版にわたって続くこともある。周辺図形が同じ図版の大きい図形の保続となることもあり，一つの図版の中での保続もありうる。この場合は描画の順序などを考慮する。なお，保続として採点された場合は，ゆがみや回転としての誤謬は採点されないが，置き違いや大きさの誤りは採点される。第四は，「**回転**」である。大きく分けて180度・90度（270度）・45度の平面回転と，空間回転（鏡像）がある。さらに，角の上に乗っている図形が45度平面回転することによって辺の上に乗っているような形になる誤謬もある。なお，平面回転すると鏡像の図形と同じ形になる図形があるので，そのような場合は別な記号を用いて誤謬を採点する。さらに，右と左の大きい図形が上下に大きくずれている場合（描画の水平軸が回転していると解釈して）も採点される。第五は，「**置き違い**」である。2つの大きい図形の位置関係が反転していたり，重なっている図形が重なっていない場合や，重ならない図形同士が重なっている場合に採点される。他にも，周辺図形が全く別の場所に描かれている場合や，上方や下方に転位している場合も採点される。当然であるが，置き違いは一つの図形で1つしか誤謬は採点されない。第六は，「**大きさの誤り**」である。大きい図形同士の大きさが大きく違っている場合，3/5を大きさの基準として，採点する。

　様々な誤謬に対して，全てに記号が割り振られている。大別すると，図版1，2は「M」，図版3以降の右の大きい図形が「MR」（Major Right），左の

大きい図形が「ML」（Major Left），右の周辺図形が「PR」（Peripheral Right），左の周辺図形が「PL」（Peripheral Left）である。これらの記号に誤謬の種類によって頭文字や数字がつく。例えば，「ゆがみ」であれば，簡単なゆがみが「S」（Substituition），複雑なゆがみが「I」（Inaccurate）である。保続は「Per」（Perseveration），回転の中の平面回転は回転の角度がつき，空間回転の場合は「Mir」（Mirror）がつく。角の上に乗っている場合「St」（Stand），2つの大きい図形の水平軸がずれている場合には「Ver」（Verge）がつく。大きさの誤りの場合は「Sz」（Size Erros）である。

⑶正確数と誤謬数に関する分析（表 3-4-3．表 3-4-4．表 3-4-5．表 3-4-6）

　滝浦（2007）によると，60歳時の正確数の平均は 6-7 程度とされており，50歳時の平均である約 8 より明らかに低下していると述べている。また，様々な研究の結果から，自宅で自立して生活している対象者と比べて，施設入居者は正確数は減少傾向，誤謬数は増加傾向にあると言われている。なお，滝浦の収集した先行研究から，正確数について，健常高齢者の場合は60歳代は 6-7 点程度，70歳代は 5-6 点，80歳代になると 4 点程度になると推察される。これらより，加齢の影響が大きいことがわかる。

　一方，誤謬数について，滝浦（2007）は高齢者での標準値の推定は現段階では困難と結論づけ，誤謬数以上に誤謬の内容分析が必要としている。参考までに，施設入居者では60歳代が10程度，70歳代が11程度，健常高齢者の場合は60歳代は 6 程度，70歳代は 7-8 程度，80歳代は 9 程度が目安となるかもしれない。

　笠原（1993）によると正確数と誤謬数は，健常群に比べると認知症群において点数の有意な悪化が示されている。Zonderman（1995）も誤謬数が大幅に悪化した群はアルツハイマー病への移行が認められるとしている。さらに，光戸（2015）によると，アルツハイマー病群は「省略」と「ゆがみ」の誤謬が多く，とくに「ゆがみ」では簡単な置き換えによるゆがみ（SM）よりも，

表 3-4-3　ベントン視覚記銘検査の正確数・誤謬数に関する先行研究のまとめ

正確数	CDR＝0→4.4±1.5（橋爪, 2004），健常高齢者の正確数は 4 〜 6
	CDR＝0.5→2.7±1.1（橋爪, 2004）
	CDR＝1→2.1±1.0（橋爪, 2004）
	CDR＝2→1.3±0.3（橋爪, 2004）
	CDR＝3→1.3±0.3（橋爪, 2004）
	正確数は MRI の病変数と相関（笠原, 1993）
	20〜45歳くらいまでは平均 8 〜 9
誤謬数	CDR＝0→9.1±3.5（橋爪, 2004），健常高齢者の誤謬数は 4 〜11
	CDR＝0.5→13.5±3.5（橋爪, 2004）
	CDR＝1→16.3±3.0（橋爪, 2004）
	CDR＝2→17.5±6.3（橋爪, 2004）
	CDR＝3→17.5±6.3（橋爪, 2004）
	誤謬数は MRI の病変の数と相関（笠原, 1993）
	一般的に歪みが多く，大きさの誤りは少ない傾向
	20〜45歳くらいまでは平均 1 〜 2
省略	非認知症と比べて，認知症群（AD？）は早い段階から低下傾向（橋爪, 2004）
	健常高齢者では誤謬数における省略の割合が20％以下
	AD 群では周辺図形の省略がある。健常群では少ない
	知的水準との相関が高い
	省略の占める割合が20〜25％以上，あるいは 3 個以上は省略が多いとみなす
ゆがみ	非認知症と比べて認知症群は早い段階から低下傾向（橋爪, 2004）
	健常高齢者での誤謬が多い
	AD 群では周辺図形の簡単な置き換え（SM）が目立つ
	MRI の病変の数と相関（笠原, 1993）
	ラクナ梗塞の病変が多いとゆがみが増える傾向（笠原, 1993）
	基底核の病変が多いと歪みが増える傾向（笠原, 1993）
	AD では簡単な置き換えによる歪み（SM）よりも，細部の省略や分裂など複雑なゆがみ（IM）が多い（光戸, 2015）
保続	視床の病変と相関（笠原, 1993）
	軽度認知症（CDR＝1）程度で現れることが多い（橋爪, 2004）
	側頭葉の萎縮と相関（笠原, 1993）
回転	視床の病変と相関（笠原, 1993）
置き違い	非認知症と比べて早い段階から低下傾向（橋爪, 2004）
	基底核の病変が多いと置き違いが増える傾向（笠原, 1993）

116

大きさの誤り	健常高齢者では誤謬が少ない
	MRI の病変の数と相関（笠原，1993）
右の誤謬	特になし
左の誤謬	脳室周囲高信号域（脳卒中や Dementz の高リスク群）と相関（笠原，1993）
	脳梁の萎縮と相関（笠原，1993）

＊カード No.4 以降に認知機能の低下が明らかになることが多い。No.4 以降極端に通過率が低くなっていく。

＊＊20～45歳ぐらいまでは，正確数・誤謬数ともに年齢の影響を受けない。

＊＊＊ AD 群では周辺図形の省略や簡単な置き換えがあった。

（滝浦貴之：日本におけるベントン視覚記銘検査の標準値：文献的検討．広島脩大論集，48（1）；273-313，2007より引用加筆）

（高橋剛夫訳：日本版ベントン視覚記銘検査使用手引き．三京房，京都，2010より引用加筆）

表 3-4-4　先行研究を基にした正確数の平均

【正確数】

健常高齢者	60代前半	60代後半	70代前半	70代後半	80代前半
柄澤(1976)n＝189(女性)	6.7	6.6	6.0	5.7	
柄澤(1980)健常群	4.0	4.4	4.1	3.3	3.5
柄澤(1980)優秀群	6.7	6.6	6.0	5.8	5.2
小林(1981)n＝345,52			5.6		
小林(1981)(女性)		6.6	5.9		5.2
小林(191)地域老人			5.6		4.7
七田(1980)n＝193(男性)			5.9		
七田(1980)n＝217(女性)			5.4		
七田(1986)n＝302			5.8	5.4	
中沢(1993)	6.9				
Klonoff(1965)					4.0
Benton(1963)	6.0				
平均	6.06	6.05	5.59	5.05	4.52

施設入居者	60代前半	60代後半	70代前半	70代後半	80代前半
柄澤(1976)n＝97(男性)			3.9		
柄澤(1976)n＝94(女性)			3.7		
小林(1981)ホーム老人		4.3	3.8		3.0
柄澤(1980)n＝191		4.2		3.4	
平均		4.25	3.8	3.4	3.0

（滝浦貴之：日本におけるベントン視覚記銘検査の標準値：文献的検討．広島脩大論集，48(1)；273-313，2007より引用加筆）

（高橋剛夫訳：日本版ベントン視覚記銘検査使用手引き．三京房，京都，2010より引用加筆）

表 3-4-5　先行研究を基にした誤謬数の平均

【誤謬数】

健常高齢者	60代前半	60代後半	70代前半	70代後半	80代前半
柄澤(1976)n＝189(女性)	4.7	4.9	6.1	6.5	
柄澤(1980)健常群	10.2	9.5	10.6	12.1	11.9
柄澤(1980)優秀群	4.7	4.9	6.1	6.0	8.1
小林(1981)(女性)		4.8	6.1		8.1
小林(1981)n＝345,52			4.7		
小林(1981)地域老人			7.0		9.3
七田(1980)n＝193(男性)					
七田(1980)n＝217(女性)					
七田(1986)n＝302					
中沢(1993)	4.1				
Klonoff(1965)					11.7
Benton(1963)	6.0				
平均	5.94	6.03	6.77	8.20	9.82

施設入居者	60代前半	60代後半	70代前半	70代後半	80代前半
柄澤(1976)n＝97(男性)			11.1		
柄澤(1976)n＝94(女性)			11.4		
小林(1981)ホーム老人		9.9	11.1		13.5
柄澤(1980)n＝191		10.2		12.0	
平均		10.05	11.2	12.0	13.5

(滝浦貴之：日本におけるベントン視覚記銘検査の標準値：文献的検討. 広島脩大論集, 48(1)；273-313, 2007より引用加筆)
(髙橋剛夫訳：日本版ベントン視覚記銘検査使用手引き. 三京房, 京都, 2010より引用加筆)

図形の細部の追加や分裂といった複雑なゆがみ (IM) が多く，視覚性の記憶の問題よりも視空間や構成能力の問題が顕著に表れていると述べている。また，周辺図形の省略や簡単な置き換えがあったとのことである。また，清水 (2014) はベントン視覚記銘検査の正答数と誤謬数は右側頭頂側頭連合野での血流との相関が高いとしている。

　これらの先行研究から，ベントン視覚記銘検査は，加齢とともに正確数が低下し，誤謬数が増加すると考えられる。さらに，認知症によって正確数の低下と誤謬数の増加が推察される。しかし，先行研究の数が少なく，今後の

118

表 3-4-6　ベントン視覚記銘検査に

タイトル	形式	著者	対象	人数
アルツハイマー病の重症度と痴呆テストバッテリーの意義	原著	橋爪	AD,認知症疑い	n＝109
老人におけるベントン視覚記銘テストの臨床的意義	原著	柄沢	60歳以上の高齢者	n＝277
Changes in immediate visual memory predict cognitive impairment.	原著	Zonderman	健常老人	n＝371
アルツハイマー病の脳血流と神経心理検査の相関解析，MMSEとベントン視覚記銘検査を用いた検討	学会抄録	清水	AD	n＝152
アルツハイマー型認知症におけるベントン視覚記銘検査の誤答パターンについて	学会抄録	光戸	AD	AD＝34,健常高齢者＝24
健常高齢者の脳MRIと高次機能の関係について	原著	笠原	健常高齢者	n＝118

研究が必要であると思われた。さらに，各誤謬の種類によって認知症を鑑別するにはまだ先行研究が少なく，今後これらの分野での研究も必要であろう。

第5節　日常生活動作の検査

(1)日常生活動作（Activity of Daily Living; ADL）の定義

　日常生活動作は手段的（道具的）日常生活動作と基本的日常生活動作に大別されることが多い。**手段的（道具的）日常生活動作**は I-ADL（Instrumental ADL）と略される。I-ADL は社会生活に関わる能力を示し，身体機能低下とともに認知機能障害が強く影響するとされる（佐藤，2011）。具体的には

関する主な先行研究の概要（その 1）

全体	正確数	誤謬数
CDR＝0.5の段階から，誤謬数が平均高齢者を上回り障害がで始めることが示された。しかし，省略の割合は 0 度と比べると有意に低下しているが，平均高齢者の範囲内であり，障害が軽度である。省略の個数はCDR 1 度，2 度と進行につれて多くなる。	正確数の平均は，CDR＝0 で4.4点，CDR＝0.5度は2.7点，CDR＝1 度では2.1点，CDR＝2 度または 3 度では1.3点	誤謬数の平均は，CDR＝0 で9.1点，CDR＝0.5度は13.5点，CDR＝1 度では16.3点，CDR＝2 度または 3 度では17.5点
一般に図版 1-4 は通過率が高く，それ以降は交互に低下する。図版 4 以降に異常が明らかになることが多い。	平均年齢68.9歳で4.2点，78.5歳だと3.4点	平均年齢68.9歳で10.2点，78.5歳だと12.0点
6 年経過後に誤謬数が大幅に増加した群はAD に移行。		
右側頭頂側頭連合野の血流と正確数が正の相関，誤謬数が負の相関。	血流と正の相関	血流と負の相関
AD 群は正確数の低下，誤謬数の増加が認められる。	AD は正確数の低下	AD は誤謬数が多い
T2 高信号病変とベントン視覚記銘検査の正確数・誤謬数の相関が高い。		

　I-ADL は社会的行動の自立度を測定する「外出」「買い物」「金銭管理」「服薬管理」「電話」「留守番」などを測定することが多い。日常生活では，動作の**系列化**[1]・**並列化**[2]・**計画性**[3]が必要であるとされる。これらは，実行機能（遂行機能）と称されるものであるが，これらの一部がI-ADL には含まれ

1）**動作の系列化**：例えば，家事において「野菜を冷蔵庫から取り出し，洗って，切る」といった一連の流れ。
2）**動作の並列化**：例えば，家事において「料理をしながら，洗濯をする」というように，異なる種類の活動を同時に行うこと。
3）**動作の計画性**：例えば，家事において「献立を決めて買い物をし，料理をする」というように計画的に物事を進めること。

表 3-4-6　ベントン視覚記銘検査に

タイトル	省略（omission）	ゆがみ（distortion）
アルツハイマー病の重症度と痴呆テストバッテリーの意義	CDR＝0度と0.5度の間に有意差	CDR＝0度と0.5度の間に有意差
老人におけるベントン視覚記銘テストの臨床的意義	平均高齢者では省略の割合が20％以下，20％-25％以上もしくは誤謬が3点以上は異常	健常な高齢者ではゆがみが多い
Changes in immediate visual memory predict cognitive impairment.		
アルツハイマー病の脳血流と神経心理検査の相関解析，MMSE とベントン視覚記銘検査を用いた検討		
アルツハイマー型認知症におけるベントン視覚記銘検査の誤答パターンについて	AD 群に多い	AD 群に多い，簡単な置き換えなどのゆがみよりも，細部の追加や分裂などが多い
健常高齢者の脳 MRI と高次機能の関係について		基底核の病変と関係

る。実行機能には複雑な認知機能を必要とする。

　一方で，**基本的日常生活動作**は単に ADL，または **B-ADL（Basic ADL）**と略される。B-ADL は主に屋内での行為の自立度を示し，「着衣」「食事」「排泄」「整容」などが測定される。

　ところで，日常生活動作（ADL）には運動機能が影響するが，これには直接的影響と間接的影響がある（佐藤，2011）。直接的影響はレビー小体型認知症（DLB）や血管性認知症（VD），皮質下認知症などによる運動機能障害やパーキンソニズムである。日常生活動作（ADL）では，錐体外路症状による運動コントロールの障害が直接的影響となることが多い。一方で，間接的影

関する主な先行研究の概要（その2）

保続 (perservation)	回転 (rotation)	置き違い (misplacement)	大きさの誤り (size)
		CDR＝0度と0.5度の間に有意差	
			健常な高齢者では少ない傾向
視床の病変と関係， 側頭葉の病変と関係			

　響は認知障害などの高次（脳）機能障害，自発運動性の低下があげられる。意欲や自発性の低下により活動性が低下し，さらに運動機能が低下するという悪循環を引き起こす。また，佐藤（2011）によると，病識の欠如が筋力低下など日常生活動作（ADL）への自己認識も低下させ，転倒などを引き起こすことによってさらに日常生活動作（ADL）が低下するといった悪循環を生むとされる。よって，日常生活動作（ADL）の低下を防ぎ筋力の低下や筋萎縮を防止するため，仲間とたのしみながら実施できる予防的なリクリエーション的リハビリテーションが重要である。

　さらに，近年では日常生活動作（ADL）を量的側面と質的側面で評価しよ

うとする試みが散見される。量的側面は出来ているか（行っているか）否か
で評定する。しかし，質的側面ではそれぞれの項目について，段階的に評価
する。具体的には，課題ができるとしても，声かけや援助など介助の必要性
があるか，失敗の程度はどの程度なのかといった側面で評価する。

(2)日常生活動作（ADL）を測定する尺度

　日常生活動作（ADL）を測定する尺度としてはバーセル尺度（Barthel In-
dex: BI），Functional Independence Measure（: FIM），Assessment of Mo-
tor and Process Skills（: AMPS），Lawton の I-ADL 尺度などがある。

　BI は食事・入浴・移動などの基本的な日常生活動作（B-ADL）の自立度を
測定するもので，1-100点の間で高得点であるほど日常生活動作（ADL）が
自立していることを示す。

　FIM は排泄・移乗・移動・コミュニケーション・社会的認知について，
完全自立＝7点，修正自立＝6点，監視または準備＝5点，最小介助＝4点，
中等度介助＝3点，最大介助＝2点，全介助＝1点で評価する。点数が低い
ほど介助度が高いことを示し，最高点126点・最低点18点となっている（鈴
木，2014）。

　AMPS は課題の実行（遂行）機能を細分化して，動作技能やプロセス（操
作）技能を測定することかできる。日常生活動作（ADL）の質的な側面を測
定できるとされる。AMPS では遂行の質を努力量・効率性・安全性・自立
度から評定している。AMPS では B-ADL・I-ADL に関係する85の課題か
ら馴染みの課題を選択し，実際の遂行場面を検査者が観察することによって
評定する。AMPS の技能項目は，第一に，課題を遂行する際の道具や体を
うごかすのに必要な動作技能を示す運動技能項目16項目がある。第二に，課
題を終了させるのに自分の行動を論理的に組み立て，状況に臨機応変に対応
させるプロセス技能項目20項目からなっている。これら36項目について，4
段階で評定する。鈴木（2014）によると，AMPS は軽度認知症の軽微な

I-ADL の障害も検出できる感度の良い尺度だとされている。

　Lawton の **I-ADL 尺度**は電話をする能力，買い物，食事の準備，家事，洗濯，移動の形式，服薬管理，金銭管理の項目からなっており，全て4段階で評定する。男性用と女性用が開発されている。

(3) 日常生活動作（ADL）の先行研究の検討：I-ADL を中心に

　ADL に関する研究を検討すると，第一の論点として，ADL が認知症の予測因子となるのか，あるいは，ADL（特に I-ADL）が早期認知症の時期から低下するか否かという視点がある。工藤（2013）はアルツハイマー病治療薬の効果により，「買い物」「家事」「洗濯」「金銭管理」「服薬管理」などで改善が認められたと報告している。アルツハイマー病治療薬は認知症の初期に投与することで効果があるといわれており，これらを合わせると I-ADL にアルツハイマー病が影響を及ぼすと考えられる。森（2007）も早期認知症では，日常生活記憶障害とともに，複雑な認知機能を必要とする I-ADL に障害が生じると述べている。石原（2016）によると，アルツハイマー病では，発症初期から I-ADL が障害され，疾患の進行とともに B-ADL が障害されるとされている。さらに，大内（2013）は，全般的重症度（Clinical Dementia Rating; CDR）を用いて，CDR＝0.5度の認知症疑いを対象に I-ADL の量的・質的視点から検討を行っている。量的側面は出来ているか（行っているか）否かで評定するが，質的側面ではそれぞれの項目について，「介助の必要性」「失敗の程度」を4段階で評価している。CDR・Lawton I-ADL 尺度（量的側面）・高齢者の質的 I-ADL 尺度によって測定した結果，CDR＝0.5度ではCDR＝0度と比較して，Lawton I-ADL・質的 I-ADL の両方において有意な低下が認められた。また，CDR＝0.5度から抽出した最軽度のアルツハイマー病では，買い物以外の量的 I-ADL の低下は認められなかったが，質的 I-ADL において低下が認められたとしている。さらに，町田（2013）はMMSE 23点以下を検出するのに有用な I-ADL は「電話の使用」と「服薬管

124

表 3-5-1　ADL に関す

タイトル	形式	著者	対象
アルツハイマー病における改定クリントン尺度の簡易 ADL 尺度としての有用性について	原著	石原哲郎	AD
認知症家族介護者の介護負担感の特徴とその関連要因2	原著	扇澤史子	家族介護者
貼付型アルツハイマー型認知症治療薬リバスチグミンパッチの認知機能とADLに及ぼす長期的効果	短報	工藤千秋	AD
高齢者の日常生活の遂行能力と心理検査	特集	川合嘉子	物忘れ外来患者
手段的 ADL の水準低下と認知症への移行	症例	大内義隆	AD
都市部高齢者における閉じこもり予備群の類型化	原著	渋井優	地域の全高齢者
女性高齢者の手段的日常生活活動能力と日常記憶能力の特徴	原著	森明子	認知症の女性
軽度認知障害高齢者における手段的日常生活動作の量的及び質的制限,最軽度アルツハイマー病を通しての検討	原著	大内義隆	CDR=0.5度の MCI
手段的日常生活動作を用いた軽度認知症スクリーニングの検討	短報	町田綾子	MMSE 16点以上
Usual Walking Speed Predicts Decline of Functional Capacity among Community-Dwelling Older Japaneese Women	原著	Hyuma Makizako	高齢女性
アルツハイマー型認知症患者における重症度と ADL・IADL の量的及び質的評価の関連	原著	鈴木優喜子	AD
認知症の中核症状,周辺症状及び日常生活動作能力の関係について	原著	寺西美佳	AD, VD
在宅で生活する要支援・要介護高齢者における移動動作ならびに認知機能障害別にみた2年間の日常生活動作の推移	原著	佐藤ゆかり	地域高齢者

る主な先行研究の概要

人数	概要
AD = 32	改定クリントン尺度が AD の ADL および BPSD の介護者負担を簡便に評価できる可能性が示唆される。
n = 512	介護者の負担感には家庭外 ADL や身体的 ADL など，生活様式の変更を迫られる内容が関連している。
AD = 28	リバスチグミンパッチの貼付後，買い物・家事・洗濯・金銭管理・服薬管理などで改善が認められた。
n = 80	CDR = 1（軽度認知症）から短期記憶・遂行能力が明らかに低下する。しかし，CDR = 1と CDR = 2（中等度認知症）群ではシンプルな日常生活の遂行能力は同程度保たれている。
n = 2	MCI 大崎－田尻プロジェクトについて報告している。この報告では，IADL 障害は，MCI の女性群において認知症への移行の予測因子となる可能性が示唆されたとしている。特に「布団の管理（自立度）」と「掃除の頻度」において有意差が認められた。しかし，男性群はもともと家事をしていない状況があるため，有意差が認められず，予測因子となりにくいと結論づけている。その上で典型的な 2 症例を提示。
n = 149991	クラスター分析の結果，とじこもり予備群は全体良好群・抑うつ傾向群・認知機能低下＋抑うつ傾向群・IADL 低下群・全体低下群に分類。IADL の低下には予測因子として認知機能低下があることから，IADL 低下群では日常生活で取り組むことのできる知的行動習慣などを行うことが重要。
健常群 = 50 認知症群 = 52	IADL は AMPS（被験者が実際にその活動を行い，観察によって評価）で測定し，記憶能力は Rivermead Behavioral Memory Tset; RBMT）で測定。IADL 能力と日常記憶能力は相関がある。前方視記憶得点は健常群も認知症群も同様に低下する。
CDR 0.5度 = 295 （内最軽度 AD = 91）	MCI 群は IADL において質的にも量的にも低下が認められる。しかし，最軽度 AD においては，量的 IADL は概ね維持されるものの，質的 IADL が低下する。
MMSE 16-22と23点以上の合計693名	MMSE 23点以下を検出するのに有用な IADL は「電話の使用」と「服薬管理」もしくは「財産管理」のうちの 2 項目を用いた場合である。
高齢女性 = 265	通常の歩く速さが 4 年後の IADL の予後を予測する因子として示された。
CDR 0.5と 1 度 　　　= 27名 CDR 2 度 = 26名 CDR 3 度 = 12名	FIM 運動項目・FIM 認知項目・AMPS プロセス技能得点では軽度と比較して中等度は有意に低下し，中等度に比べて重度はさらに低下していた。AMPS の運動項目は中等度と重度の間で有意に低下していた。よって，認知症の進行に伴い，ADL の介護は増加する一方で，運動技能は保持されると推察された。
AD = 48，VD = 10	MMSE と FIM の相関を検討したところ有意な正の相関があり，認知機能障害が軽度な患者は日常生活動作の水準が高いことが示された。また，NPI と MMSE・FIM の関連からも，MMSE と NPI は負の相関を示し，中核症状が軽度な患者は周辺症状も軽微であった。
n = 548	軽度から中等度の移動能力障害に重度の認知機能障害をあわせ持つことが ADL をより低下させる可能性がある。

理」もしくは「財産管理」のうちの2項目を用いた場合であるとしている。これらより，認知症，特にアルツハイマー病の初期段階からI-ADLの低下が認められると考察できる。渋井（2011）の研究では，軽度認知障害ではないが地域の高齢者149,991名を対象とした研究において，I-ADLの低下群には予測因子として認知機能の低下があったと述べている。

　海外でもいくつかの先行研究がある。Peres（2006）の研究では軽度認知障害（MCI）230名を対象としているが，I-ADL障害群は非障害群と比べて認知症へ移行しやすいと報告されている。同様に，Purser（2005）の研究では高齢者3673名（うち軽度認知障害 MCI 870名）を対象とした研究の結果，I-ADL障害群は認知症の診断基準を満たしやすいとしている。Kim（2009）は，I-ADL障害の合計点は健常群と比較して軽度認知障害（MCI）患者群で有意に高いとしている。項目別では「電話使用」「移動の方法」「金銭管理」「家電製品の使用」「約束」「最近の出来事の関する会話」で有意差があったと報告している。また，Mariani（2008）の研究では，記憶障害を有する軽度認知障害（aMCI）132名を対象とし，買い物・服薬管理・金銭管理において低下を示したと報告されている。これらはすべて海外における研究である。

　一方で，大内（2009）は軽度認知障害（MCI）から認知症への進行の予測因子としてはMMSEの低得点はあるが，I-ADLの水準低下と認知症への進行との関係については明確な一致がないとしている。Fisk（2003）も軽度認知障害（MCI）81名の5年間追跡調査の結果，バリエーションに違いはなかったとしている。これらを踏まえて，大内ら（2013）は軽度認知障害（MCI）を対象とした大崎－田尻プロジェクトについて報告している。この報告では，I-ADL障害は，男女全体として，「布団の管理」「交通機関の利用」において認知症発症のリスクが高かったとしている。さらに，軽度認知障害（MCI）の女性群において認知症への移行の予測因子となる可能性が示唆されたとしている。特に「布団の管理（自立度）」と「掃除の頻度」において有意差が認められた。しかし，男性群はもともと家事をしていない状況がある

ため，有意差が認められず，予測因子となりにくいと結論づけている。

　ところで，森（2007）は I-ADL を測定するため AMPS を用い，記憶能力を Rivermed Behavioral Memory Test（RBMT）で測定している。その結果，I-ADL 能力と日常記憶能力は相関があるとしたうえで，前方視記憶得点は健常群も認知症群も同様に低下すると報告している。これらの分析から，健常群と認知症群の中間に当たる群が存在するとしている。この中間群では日常生活能力は保たれているものの，RBMT の前方視記憶得点においては障害が認められたとし，これらが MCI に当たるのではないかと推測している。

　以上を総合すると，軽度認知障害において I-ADL が低下する可能性があると考えられる。また，I-ADL の中でも，認知症の予測因子となりうる項目とそうでない項目があると考えられる。これは，文化差や性差，もともと家事をやっているかどうかなどの影響が大きいかもしれない。

　第二の論点としては，認知症の重症度と ADL の関係がある。鈴木（2014）は認知症軽度として CDR 0.5 と 1 度が27名，中等度として CDR 2 度が26名，重度として CDR 3 度が12名を対象とし，日常生活動作（ADL）の量的側面を FIM，日常生活動作（ADL）の I-ADL の質的側面を AMPS によって評定している。その結果，FIM 運動項目・FIM 認知項目・AMPS プロセス技能得点では軽度と比較して中等度は有意に低下し，中等度に比べて重度はさらに低下していた。AMPS の運動項目は中等度と重度の間で有意に低下していた。寺西（2011）によると，アルツハイマー病48名と血管性認知症（VD）10名の合計58名を対象として，MMSE と FIM の相関を検討したところ有意な正の相関があり，認知機能障害が軽度な患者は日常生活動作の水準が高いとしている。佐藤（2006）は，地域高齢者548名を移動能力を示す「障害自立度」と認知機能を示す「認知症障害自立度」によって群わけし，Basic Activities of Daily Living（B-ADL）の得点との関連を検討している。その結果，軽度から中等度の移動能力障害に重度の認知機能障害をあわせ持つことが日常生活動作（ADL）をより低下させる可能性があると報告してい

128

る。以上より，認知症の重症度と ADL は関連があると考えられ，重症化するほど ADL の低下の可能性が高くなると推察される。

　以上をまとめると，ADL（特に I-ADL）が早期認知症の時期から低下すること，MCI の段階において ADL が低下する可能性があること，認知症の重症度と ADL は関連があると考えられ重症化するほど ADL の低下の可能性が高くなることが明らかになった。

第3章　参考文献

【第1節】
厚生労働省：今後の高齢者人口の見通しについて（www.mhlw.go.jp/seisakunitsuite/buny アルツハイマー病/link1-1.pdf）
厚生労働省：認知症施策推進総合戦略（新オレンジプラン），認知症高齢者等にやさしい地域づくりに向けて．2015
杉下守弘：認知機能評価バッテリー．日本老年医学会雑誌，48(5)；431-438，2011
松本真理子，森田美弥子編：心理アセスメント．ナカニシヤ出版，京都，2018

【第2節】
朝田隆：都市部における認知症有病率と認知症の生活機能障害への対応．厚生労働科学研究費補助金認知症対策総合研究事業，2013
古川はるこ：MMSE24点以上のアルツハイマー病患者のスクリーニング検査において立方体透視図模写課題が果たす役割について．老年精神医学雑誌，17（増刊1）；191，2006
数井裕光，武田雅俊：認知症はどのようにして診断されるか．日本認知症ケア学会，10(1)；114-121，2011
厚生労働省：今後の高齢者人口の見通しについて（www.mhlw.go.jp/seisakunitsuite/buny アルツハイマー病/link1-1.pdf）
厚生労働省：認知症施策推進総合戦略（新オレンジプラン），認知症高齢者等にやさしい地域づくりに向けて．2015
工藤由理，佐藤厚，今村徹：アルツハイマー病患者の注意障害，Mini-Mental State Examination（MMSE）の Serial-7に影響を与える要因の検討．老年精神医学雑誌，22(9)；1055-1061，2011

黒川由紀子, 斎藤正彦, 松田修：老年臨床心理学. 有斐閣, 東京, p. 15, 2009

鳩間亜紀子：訪問看護アウトカム評価に関するシステマティックレビュー. 老年社会科学, 37；295-305, 2015

牧本清子編：エビデンスに基づく看護実践のためのシステマティックレビュー. 日本看護協会出版会, 東京, 2013

三木隆巳：認知症診療における最近の検査. 認知症研究会誌, 18；89-92, 2011

森屋匡士, 小海宏之, 朝比奈恭子, et al.：痴呆のケアにおけるアプローチに関する一考察, 精神機能検査の下位検査項目通過率について. 心身医学, 44(1)；33-40, 2004

日本老年精神医学会編：改定・老年精神医学講座, 総論. ワールドプランニング, 東京, p. 111, 2011

日本神経学会編：認知症疾患治療ガイドライン2010. 医学書院, 東京, 2014

小田陽彦, 長岡研太郎, 山本泰司, et al.：MMSE および ADAS の単純な下位項目検査分析が DLB 臨床診断の感度をあげる可能性について. 老年精神医学雑誌, 17（増刊1）；189, 2006

岡田和悟, 山口修平：Lewy 小体型認知症の神経心理学的検討. 診断と治療, 103(10)；1395-1399, 2015

大島渡, 安達侑夏, 磯部史佳, et al.：アルツハイマー病における MMSE の年次変化率. 臨床精神医学, 42(8)；1041-1048, 2013

櫻井孝：認知症の基礎とケア. 日本音楽療法学会東海支部研究紀要, 5；20-29, 2016

嶋田史子, 井手芳彦, 吉田真奈美, et al.：アルツハイマー型認知症とレビー小体型認知症の早期鑑別, MMSE における3単語遅延再生と五角形描画の乖離. 長崎作業療法, 8(1)；9-15, 2013

重森健太, 大城昌平, 奥山恵理子, et al.：大規模集団における MMSE の因子分析と高齢者の前頭前野血流反応との関連. 日本理学療法学術大会2009；Sh2-009, 2010

清水敬二, 河内崇, et al.：アルツハイマー病の脳血流と神経心理検査の相関関係, MMSE とベントン視覚記銘検査を用いた検討. 核医学雑誌, 51(3)；284, 2014

杉下守弘：認知機能評価バッテリー. 日本老年医学会雑誌, 48(5)；431-438, 2011

杉山秀樹, 井関栄三, 村山憲男, et al.：神経心理学検査によるレビー小体型認知症の簡易鑑別法の検討. 老年精神医学雑誌, 23（増刊2）；157, 2012

滝浦孝之：認知症スクリーニング検査. 広島修大論集, 48(1)；347-379, 2007

渡部宏幸, 佐藤卓也, 佐藤厚, et al.：アルツハイマー病患者の構成障害, 立方体透視

図と平面図形の模写課題における教育年数の影響と天井効果・床効果についての検討. 老年精神医学雑誌, 24(2);179-188, 2013

渡辺恭子：高齢者を対象とした心理学的検査のシステマティックレビュー, 認知症スクリーニング検査を中心に. 金城学院大学論集人文科学編, 14(1);85-94, 2017

山口裕美子, 合馬慎二, 坪井義夫：認知症鑑別の精度向上に向けた試み, MMSE の下位項目および Ala スコアの有用性. 臨床と研究, 92(9);1231-1232, 2015

【第3節】

藤田和弘, 前川久男, 大六一志, et al.：日本版 WAIS-Ⅲ の解釈事例と臨床研究. 日本文化科学社, 東京, 2015

Izawa, Y., Urakami, K., Kojima, T., et al.: Wechsler Adult Intelligence Scale, 3rd Edition: Usefulness in the Early Detecion of Alzheimer's Disease. Yonago Acta media, 52; 11-20, 2009

伊澤幸洋, 小嶋知幸, 浦上克哉：アルツハイマー病患者における簡易知能検査と WAIS-Ⅲ の関連および知能特性. 高次機能研究, 32(4);572-580, 2012

北村世都, 今井幸充：軽度アルツハイマー型痴呆における認知機能障害構造. 老年精神医学雑誌, 12(5);556-557, 2001

河野直子, 山本さやか, 梅垣宏行, et al.：MMSE 24点以上の高齢者群における神経心理学的検査を用いた認知症の探索. Dementia Japan, 22(3);298-308, 2008

黒川由紀子, 斎藤正彦, 松田修：老年臨床心理学. 有斐閣, 東京, 2009

鳩間亜紀子：訪問看護アウトカム評価に関するシステマティックレビュー. 老年社会科学, 37;295-305, 2015

葛谷雅文：老年症候群に関与する脳皮質下虚血病変の危険因子解明に関する縦断的研究. 脳皮質下虚血病変と総合機能白質病変を反映する精神運動速度と全般的認知機能の病型別の相関性の検討. 老年症候群に関与する脳皮質下虚血病変の危険因子解明に関する縦断的研究 平成15-17総合研究報告；57-60, 2006

牧本清子編：エビデンスに基づく看護実践のためのシステマティックレビュー. 日本看護協会出版会, 東京, 2013

松田修：高齢者の経済行為能力と心理検査. 老年精神医学雑誌, 22(10);1131-1136, 2011

松岡恵子, 宇野正成：早発性及び晩発性アルツハイマー病患者における認知機能の低下. 老年精神医学雑誌, 15(5);598, 2004

村山憲男, 井関栄三, 太田一実, et al.：意味性認知症の前駆症状と考えられる 2 症例.

老年精神医学雑誌，21(12)；1377-1384，2010

村山憲男：変性性認知症の鑑別及び早期発見における神経心理学検査の役割．老年精神医学雑誌，24；654-659，2013

Murayama, N., Tagaya, H., Ota, K., et al.: Neuropsychological detection of the early stage of without objective memory impairment. Dementia Geriatri. Cogn. Disord., 35; 98-105, 2013

村山憲男，太田一実，松永祐輔，et al.：WAIS-Ⅲと WMS-R の得点差を用いた軽度認知障害の早期発見．老年精神医学，27(11)；1207-1214，2016

中村馨，葛西真里，田中尚文，et al.：地域在住の軽度認知症高齢者におけるアパシーの有病率と神経心理学的検討．高次機能研究31(3)；359-364，2011

日本版 WAIS-Ⅲ刊行委員会：日本版 WAIS-Ⅲ理論マニュアル．日本文化科学社，東京，2009

日本神経学会：認知症疾患治療ガイドライン．医学書院，東京，2014

西萩恵，近藤正樹，橋本宰，et al.：WAIS-R のプロフィールを用いた Mild Cognitive Impairment とアルツハイマー型痴呆の比較．認知神経科学，8(1)；661-666，2006

小田陽彦：Probable DLB と Probable AD の神経心理学的鑑別．老年精神医学雑誌，19（増刊2）；95，2008

岡崎由美子，田畑昌子，東靖人：amnestic MCI におけるアルツハイマー病移行への心理学的予測．老年精神医学雑誌，26(4)；421-427，2015

繁算男，四本裕子 監訳：APA 心理学大辞典．培風館，東京，2013

清水敬二，河内崇，日野恵，et al.：アルツハイマー病の脳血流と神経心理検査の相関関係，MMSE とベントン視覚記銘検査を用いた検討．核医学雑誌，51(3)；5222，2014

杉村美佳，松田博史，中野正剛，et al.：MCI の抽出に用いられる記憶検査と局所脳血流の関係．老年精神医学雑誌，18(10)；1113-1122，2007

杉下守弘訳：日本版ウエクスラー記憶検査法．日本文化科学社，東京，2001

武田明夫：痴呆患者の神経心理及び精神病理学的研究，前頭葉機能と痴呆についての研究．長寿科学総合研究，5；278-283，1997

竹中明子：アルツハイマー病における高次機能障害の特徴．日本性格心理学会大会発表論文集，4；30-31，1995

塚原さち子，松尾素子，新妻加奈子，et al.：軽度アルツハイマー型痴呆におけるWAIS-R の臨床的有用性の検討．老年精神医学雑誌，13(6)；724，2002

渡辺健一郎，清水聡，河村友美，et al.：アルツハイマー型認知症と MCI における
　　WAIS-Ⅲの成績比較．老年精神医学雑誌20，（増刊 2 ）；95，2009
渡辺恭子：高齢者を対象とした心理学的検査のシステマティックレビューその(2)，
　　ウェクスラー法を中心に．金城学院大学論集人文科学編，15(2)；167-178，2019
山中克夫：高齢者の知能．老年精神医学雑誌，26(2)；197-202，2015
山下光，博野信次，池尻義隆，et al.：Alzheimer's Disease Assessment Scale 日本版
　　（ADAS J cog）の有用性の検討．老年精神医学雑誌，9(2)；187-194，1998

【第 4 節】
橋爪敏彦：アルツハイマー病の重症度と痴呆テストバッテリーの意義．慈恵医大誌，
　　119；41-50，2004
橋爪俊彦，加田博秀，古川はるこ，et al.：アルツハイマー病の臨床的重症度と Ben-
　　ton 視覚記銘検査の意義．老年精神医学雑誌，16(2)；183，2005
柄沢明秀，小林充，矢冨直美：老人におけるベントン視覚記銘テストの臨床的意義．
　　老年社会科学，2；82-97，1980
笠原洋勇，丹野宗彦，山田秀夫，et al.：健常高齢者の脳 MRI 所見と高次機能の関係
　　について．日本老年医学会雑誌，30(10)；892-900，1993
鳩間亜紀子：訪問看護アウトカム評価に関するシステマティックレビュー．老年社会
　　科学，37；295-305，2015
牧本清子編：エビデンスに基づく看護実践のためのシステマティックレビュー．日本
　　看護協会出版会，東京，2013
光戸利奈，岩本竜一，山田達夫，et al.：アルツハイマー型認知症におけるベントン視
　　覚記銘検査の誤答パターンについて．老年精神医学雑誌，26（増刊 2 ）；183，
　　2015
清水敬二，河内崇，日野恵，et al.：アルツハイマー病の脳血流と神経心理検査の相関
　　関係，MMSE とベントン視覚記銘検査を用いた検討．核医学雑誌，51(3)；284，
　　2014
高橋剛夫訳：日本版ベントン視覚記名検査使用手引き．三京房，京都，2010
滝浦孝之：日本におけるベントン視覚記名検査の標準値，文献的検討．広島修大論集
　　人文編，48(1)；273-313，2007
Zonderman, A.B., Giambra, L.M., Arenberg, D.: Changes in immediate visual memo-
　　ry predict cognitive impairment. Arch. Clin. Neuropsychol., 10; 111-123, 1995

【第5節】

Fisk, J.D., Merry, H.R., Rockwood, K.: Variations in case definition affect prevalence but not outcomes of mild cognitive impairment. Neurolgy, 61; 1179-1184, 2003

石原哲郎，杉浦加奈子，鑰田文，et al.：アルツハイマー病における改定クリクトン尺度の簡易 ADL 尺度としての有用性について．新薬と臨床，65；62-67，2016

川合嘉子：高齢者の日常生活の遂行能力と心理検査．老年精神医学雑誌，22；1125-1130，2011

Kim, K.: Characteristics profile of instrumental activites of daily living in different subtypes of mild cognitive impairment. Dement. Geriatri. Cogn. Disord., 27; 278-285, 2009

工藤千秋，本多満，中村祐：貼付型アルツハイマー型認知症治療薬リバスチグミンパッチの認知機能と ADL に及ぼす長期的効果．老年精神医学雑誌，24(7)；701-704，2013

Makizako, H., Furuna, T., Yoshida, H., et al.: Usual Walking Speed Predicts Decline of Functional Capacity among Community-Dwelling Older Japanese Women. Journal of Physical Therapy Science, 22(4); 405-412, 2010

Mariani, E., Monastero, R., Ercolini, S., et al.: Influence of comorbidity and cognitive status on instrumental activities of daily living in amnestic mild cognitive impairment. Geriatr. Psychiatry, 23; 523-530, 2008

町田綾子，鳥羽研二，櫻井孝，et al.：手段的日常生活動作を用いた軽度認知症スクリーニング項目の検討．日本老年医学雑誌，50；266-267，2013

森明子，杉村公也：女性高齢者の手段的日常生活活動能力と日常記憶能力の特徴．日本老年医学学会，44(4)；470-475，2007

扇澤史子，粟田主一，古田光，et al.：認知症家族介護者の介護負担感の特徴とその関連要因2．家族と科学，26(1)；233-242，2015

大内義隆，目黒謙一：手段的 ADL の水準低下と認知症への移行．老年精神医学雑誌，20；265-270，2009

大内義隆，石川博康，中村馨，et al.：軽度認知障害高齢者における手段的日常生活動作の量的及び質的制限，最軽度アルツハイマー病を通しての検討．高次機能研究，33(3)；347-355，2013

Peres, K., Shrysostome, V., Fabrigoule, C., et al.: Restriction in complex activities of daily living in MCI. Neorology, 67; 461-466, 2006

Purser, J.L., Fillenbaum, G.G., Pieper, C.F., et al.: Mild cognitive impairment and 10-

year trajectories of disability in the Iowa established populations for epidemiologic studies of the elderly cohort. J. Am. Geriatr. Soc., 53; 1966-1972, 2005

佐藤眞一，島内晶：ADL 障害の評価とリハビリテーション．老年精神医学，22；302-311，2011

佐藤ゆかり，斎藤圭介，原田和宏，et al.：在宅で生活する要支援・要介護高齢者における移動動作ならびに認知機能障害別にみた 2 年間の日常生活動作の推移．日本保健学会誌，9(2)；81-89，2006

渋井優，村山洋史，河島貴子，et al.：都市部高齢者における閉じこもり予備群の類型化．日本公衆衛生学雑誌，58(11)；935-947，2011

鈴木優喜子，長澤明，小林隆司：アルツハイマー型認知症患者における重症度とアルツハイマー病・I-ADL の量的及び質的評価の関連．日本作業療法学研究学会雑誌，17(2)；29-35，2014

高橋智：軽度認知障害（MCI）の臨床．医学の歩み，235(6)；673-678，2010

寺西美佳，栗田柾武，西野敏，et al.：認知症の中核症状，周辺症状及び日常生活動作能力の関係について．老年精神医学雑誌，22：185-193，2011

第4章　老年期における心理支援

第1節　老年期における公的支援

　ソーシャルサポートとは，社会資源やサービスの提供である。ソーシャルサポートには，共感や励まし，敬意，安心などを提供することによる「**情緒的サポート**」と，具体的な援助を提供する「**道具的（手段的）サポート**」がある（小林，2015）。また，サポートネットワークの視点から言うと（下仲，1999），配偶者・子ども・友人などから受ける「**インフォーマルサポート**」と，看護師など専門職から受ける「**フォーマルサポート**」がある。本節では，手段的サポートおよびフォーマルサポートについて紹介する。

　「**新オレンジプラン**」は，厚生労働省から2016年 に出された認知症施策推進総合戦略で（図2-1-1），2025年に700万人が認知症になるという推計（65歳以上の5人に1人）を基にしている。新オレンジプランの7つの柱として，「1. 普及・啓発→認知症サポーターの育成，2.適時・適切な医療・介護→認知症初期集中支援チーム・認知症疾患医療センター，3.若年性認知症施策の強化，4.介護者への支援，5.認知症など高齢者に優しい地域づくり，6.研究開発，7.認知症の人や家族の視点の重視」が示されている。新オレンジプランを受けて，認知症初期集中支援チームとして，早期診断のため医師と多職種のチームが訪問による治療を行う方法が始められている。さらに，認知症疾患医療センターが設立され，専門的鑑別診断と評価，BPSD への対応，地域連携を担っている。

　また，「**地域包括ケアシステム**」（図4-1-1）も始められている。地域包括ケアシステムは，団塊の世代が75歳以上となる2025年を目処に，重度な要介護状態になっても住み慣れた地域で自分らしい暮らしを最後まで続けること

136

地域包括ケアシステム

○ 団塊の世代が75歳以上となる2025年を目途に、重度な要介護状態となっても住み慣れた地域で自分らしい暮らしを人生の最後まで続けることができるよう、住まい・医療・介護・予防・生活支援が一体的に提供される地域包括ケアシステムの構築を実現していきます。
○ 今後、認知症高齢者の増加が見込まれることから、認知症高齢者の地域での生活を支えるためにも、地域包括ケアシステムの構築が重要です。
○ 人口が横ばいで75歳以上人口が急増する大都市部、75歳以上人口の増加は緩やかだが人口は減少する町村部等、高齢化の進展状況には大きな地域差が生じています。
　地域包括ケアシステムは、保険者である市町村や都道府県が、地域の自主性や主体性に基づき、地域の特性に応じて作り上げていくことが必要です。

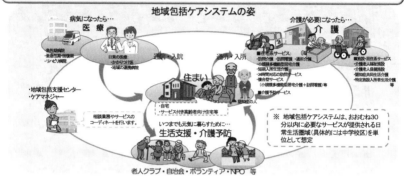

図 4-1-1　地域包括ケアシステム

(厚生労働省 HP 地域包括ケアシステムより転記)

ができるよう，住まい・医療・介護・予防・生活支援が一体的に提供されるシステムである。この地域包括ケアシステムの中核を担うのが，**地域包括支援センター**である。地域包括支援センターでは，地域の高齢者の総合相談，権利擁護や地域の支援体制づくり，介護予防などを行い，高齢者の保健医療の向上及び福祉の増進を包括的に行う。市町村が設置し，地域ケア会議を開催して個別の事例検討・地域の課題の検討なども実施する。地域包括支援センターは，介護認定の有無によらず相談に出向くことができるという意味で，高齢者全ての相談の最初の窓口になっていると言える。

　高齢者の社会保障制度としては，「**介護保険制度**」「**後期高齢者医療保険制度**」がある。後期高齢者医療制度は，75歳以上の高齢者全てが使用できる医療保険である。介護保険制度は，介護保険法に基づく制度で，自立支援・利

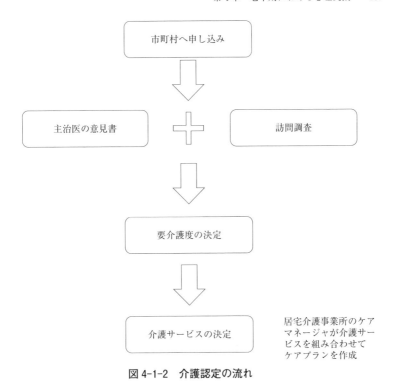

図 4-1-2　介護認定の流れ

用者本位・社会保険方式（40歳以上から保険料を徴収）という3本柱からなっている。保険者は市町村，被保険者は65歳以上の第一号被保険者と40歳から64歳の第二号被保険者に分けられている。第一号被保険者は介護認定が出れば何の原因（疾患）でも介護保険を利用できる。一方，第二号被保険者は16の特定疾患の場合のみ介護保険を利用できる。被保険者は保険者である市町村に保険料を支払う。そして，被保険者は，サービス事業者からサービスの提供を受け，利用料の1割をサービス事業者に支払う。サービス利用料の9割は保険者である市町村が払う仕組みになっている。

　介護保険の認定には，図4-1-2のような手続きが必要となる。まず，本人（あるいは家族）が市町村へ申し込む。この申し込みは地域包括支援センター

や居宅介護事業所が代行することができる。主治医の意見書の作成と，訪問調査の結果を基に，要介護度の決定がなされる。介護度は，要支援状態である「要支援1」「要支援2」，要介護状態の「要介護1, 2, 3, 4, 5,」の7段階からなっている。介護認定がなされると，居宅介護事業所のケアマネージャーによるケアプランの作成がなされ，介護サービスが開始される。

　介護保険で受けることのできるサービスは，要支援1，2と認定された人が利用できる「**予防給付**」と，要介護1〜5と認定された人が利用できる「**介護給付**」の二つに大別される。加えて，住み慣れた地域で柔軟なサービスが受けられる「**地域密着型サービス**」がある。「地域密着型サービス」は，居住している市区町村にある事業者や施設のサービスを受けることになる。「地域密着型サービス」以外は，他の市区町村に居住していても利用可能である。介護サービスには主に「**支援サービス**」「**居宅サービス**」「**施設サービス**」の3種類がある（表4-1-1，表4-1-2を参照）。支援サービスは前述したように，ケアマネージャーがケアプランを作成したり連絡調整をするサービスであり，一元化した支援が可能となっている。居宅サービスは訪問サービスと通所サービスに分かれており，訪問サービスでは，訪問介護・訪問入浴・訪問看護・訪問リハビリテーションなどが提供される。通所サービスでは，通所介護（デイサービス）・通所リハビリ（デイケア）などが提供される。さらに，家族などの介護負担軽減などを目指して，短期入所（ショートステイ）を利用することができる。「施設サービス」は施設に入所してサービスを受けることで，介護老人福祉施設（特別養護老人ホーム），介護老人保健施設（老健），介護療養型医療施設，特定施設入居者生活介護（有料老人ホーム，軽費老人ホーム等）などがある。

　本書出版時のサービスの概要を表4-1-1，4-1-2に示すので参照されたい。

表 4-1-1　サービスの種類

区分	サービス名	予防*	地域**
介護の相談・ケアプラン作成	居宅介護支援		
訪問	訪問介護（ホームヘルプ）		
	訪問入浴	○	
	訪問看護	○	
	訪問リハビリ	○	
	夜間対応型訪問介護		○
	定期巡回・随時対応型訪問介護看護		○
通所	通所介護（デイサービス）		
	通所リハビリ（デイケア）	○	
	地域密着型通所介護		○
	療養通所介護		○
	認知症対応型通所介護		○
訪問＋通所＋宿泊	小規模多機能型居宅介護	○	○
	看護小規模多機能型居宅介護（複合サービス）		○
短期間の宿泊	短期入所生活介護（ショートステイ）	○	
	短期入所療養介護	○	
施設	介護老人福祉施設（特別養護老人ホーム）		
	介護老人保健施設（老健）		
	介護療養型医療施設		
	特定施設入居者生活介護	○	
	（有料老人ホーム，軽費老人ホーム等）		
	介護医療院		
地域密着サービス（地域に密着した小規模施設等）	認知症対応型共同生活介護（グループホーム）	○	○
	地域密着型介護老人福祉施設入所者生活介護		○
	地域密着型特定施設入居者生活介護		○

*予防：予防介護サービスがあるもの
**地域：地域密着型サービスがあるもの
（厚生労働省：介護サービス情報公表システム https://www.kaigokensaku.mhlw.go.jp/publish/ より引用抜粋）
（厚生労働省：用語の定義 https://www.mhlw.go.jp/toukei/saikin/hw/kaigo/service17/dl/yougo.pdf）より引用抜粋

表 4-1-2　介護サービスの内容

サービスの種類	サービス名	サービス内容
介護の相談・ケアプラン作成	居宅介護支援	居宅要介護者の依頼を受けて，心身の状況，環境，本人や家族の希望等を勘案し，在宅サービス等を適切に利用するために，利用するサービスの種類・内容等の居宅サービス計画を作成し，サービス提供確保のため事業者等との連絡調整その他の便宜の提供等を行うとともに，介護保険施設等への入所が必要な場合は施設への紹介その他の便宜の提供等を行うもの。**ケアマネジャー**が，利用者の心身の状況や置かれている環境に応じた介護サービスを利用するための**ケアプラン**を作成し，そのプランに基づいて適切なサービスが提供されるよう，事業者や関係機関との連絡・調整を行う。
訪問	**訪問介護（ホームヘルプ）**	訪問介護員（ホームヘルパー）が利用者の自宅を訪問し，食事・排泄・入浴などの介護（身体介護）や，掃除・洗濯・買い物・調理などの生活の支援（生活援助）を行う。通院などを目的とした乗車・移送・降車の介助サービスを提供する事業所もある。
	訪問入浴	居宅を訪問し，浴槽を提供されて受ける入浴の介護。
	訪問看護	利用者の心身機能の維持回復などを目的として，看護師などが疾患のある利用者の自宅を訪問し，主治医の指示に基づいて療養上の世話や診療の補助を行う。
	訪問リハビリ	理学療法士，作業療法士，言語聴覚士などが利用者の自宅を訪問し，心身機能の維持回復や日常生活の自立に向けたリハビリテーションを行う。
	夜間対応型訪問介護	夜間において，定期的な巡回訪問又は通報を受け，居宅で介護福祉士等から受ける入浴，排せつ，食事等の介護，その他の日常生活上の世話を指す。
	定期巡回・随時対応型訪問介護看護	定期的な巡回訪問又は通報を受け，居宅で介護福祉士等から受ける入浴，排せつ，食事等の介護その他日常生活上の世話，看護師等から受ける療養上の世話又は必要な診療の補助を指す。
通所	**通所介護（デイサービス）**	老人デイサービスセンター等の施設に通って受ける入浴，排せつ，食事等の介護その他の日常生活上の世話，および機能訓練。自宅にこもりきりの利用者の孤立感の解消

		や心身機能の維持，家族の介護の負担軽減などを目的として実施する。利用者が通所介護の施設に通い，施設では，食事や入浴などの日常生活上の支援や，生活機能向上のための機能訓練や口腔機能向上サービスなどが日帰りで提供される。生活機能向上グループ活動などの高齢者同士の交流もあり，施設は利用者の自宅から施設までの送迎も行う。
	通所リハビリ（デイケア）	利用者が通所リハビリテーションの施設（老人保健施設，病院，診療所など）に通う。食事や入浴などの日常生活上の支援や，生活機能向上のための機能訓練や口腔機能向上サービスなどを日帰りで提供する。
	地域密着型通所介護	小規模の老人デイサービスセンター等の施設に通って受ける入浴，排せつ，食事等の介護その他の日常生活上の世話および機能訓練。
	療養通所介護	常に看護師による観察を必要とする難病，認知症，脳血管疾患後遺症等の重度要介護者又はがん末期患者を対象にしたサービスで，自宅にこもりきりの利用者の孤立感の解消や心身機能の維持回復だけでなく，家族の介護の負担軽減などを目的として実施されている。利用者が療養通所介護の施設に通い，施設では，食事や入浴などの日常生活上の支援や，生活機能向上のための機能訓練や口腔機能向上サービスなどが日帰りで提供される。施設は利用者の自宅から施設までの送迎も行う。
	認知症対応型通所介護	認知症の要介護者（要支援者）が，デイサービスを行う施設等に通って受ける入浴，排せつ，食事等の介護その他の日常生活上の世話および機能訓練。
訪問＋通所＋宿泊	小規模多機能型居宅介護	居宅又は厚生労働省令で定めるサービスの拠点に通う，または短期間宿泊し，入浴，排せつ，食事等の介護その他の日常生活上の世話および機能訓練を受ける。
	看護小規模多機能型居宅介護（複合サービス）	施設への「通い」を中心として，短期間の「宿泊」や利用者の自宅への「訪問（介護）」に加えて，看護師などによる「訪問（看護）」も組み合わせることで，家庭的な環境と地域住民との交流の下で，介護と看護の一体的なサービスの提供を受けることができる。
短期間の宿泊	短期入所生活介護（ショートステイ）	特別養護老人ホーム等の施設や老人短期入所施設への短期入所で，入浴，排せつ，食事等の介護その他の日常生活上の世話および機能訓練を受ける。

	短期入所療養介護	介護老人保健施設，介護療養型医療施設等への短期入所で看護，医学的管理下の介護と機能訓練等の必要な医療ならびに日常生活上の世話を受ける。
施設	介護老人福祉施設（特別養護老人ホーム）	老人福祉法に規定する特別養護老人ホームで，かつ，介護保険法による都道府県知事の指定を受けた施設で，入所する要介護者に対し，施設サービス計画に基づいて，入浴，排せつ，食事等の介護その他の日常生活上の世話，機能訓練，健康管理および療養上の世話を行うことを目的とする施設。介護老人福祉施設（特別養護老人ホーム）は，入所者が可能な限り在宅復帰できることを念頭に，常に介護が必要な人の入所を受け入れ，入浴や食事などの日常生活上の支援や，機能訓練，療養上の世話などを提供する。要介護3以上の場合に原則利用できる。
	介護老人保健施設（老健）	介護保険法による都道府県知事の開設許可を受けた施設，入所する要介護者に対し，施設サービス計画に基づいて，看護，医学的管理の下における介護および機能訓練，その他必要な医療，ならびに日常生活上の世話を行うことを目的とする施設。介護老人保健施設は，在宅復帰を目指している人の入所を受け入れ，入所者が可能な限り自立した日常生活を送ることができるよう，リハビリテーションや必要な医療，介護などを提供する。要支援1，2は利用できない。
	介護療養型医療施設	医療法に規定する医療施設で，介護保険法による都道府県知事の指定を受けた施設で，入院する要介護者に対し，施設が計画に基づいて，療養上の管理，看護，医学的管理の下における介護，その他の世話，および機能訓練，その他必要な医療を行うことを目的とする施設。長期にわたって療養が必要な人の入所を受け入れ，入所者が可能な限り自宅で自立した日常生活を送ることができるよう，機能訓練や必要な医療，介護などを提供する。要支援1，2は利用できない。
	特定施設入居者生活介護（有料老人ホーム，軽費老人ホーム等）	有料老人ホーム等に入居する要介護者等が，特定施設計画に基づいて，入浴，排せつ，食事等の介護その他の日常生活上の世話，機能訓練および療養上の世話を受ける。
	介護医療院	長期にわたって療養が必要である人の入所を受け入れ，利用者が可能な限り自立した日常生活を送ることができるよう，療養上の管理，看護，介護，機能訓練，その他

		必要な医療と日常生活に必要なサービスなどを受ける。要支援1，2は利用できない。
地域密着サービス（地域に密着した小規模施設等）	**認知症対応型共同生活介護（グループホーム）**	比較的安定した状態にある認知症の要介護者（要支援者）が，共同生活を営む住居で，入浴，排せつ，食事等の介護，その他の日常生活上の世話，および機能訓練を受ける。認知症の利用者を対象にした専門的なケアを提供するサービス。認知症の利用者が，グループホームに入所し，家庭的な環境と地域住民との交流のもとで，食事や入浴などの日常生活上の支援や，機能訓練などのサービスを受ける。グループホームでは，1つの共同生活住居に5〜9人の少人数の利用者が，介護スタッフとともに共同生活を送る。
	地域密着型介護老人福祉施設入所者生活介護	老人福祉法に規定する特別養護老人ホームで，かつ，介護保険法による市町村長の指定を受けた施設で，入所する要介護者に対し，地域密着型サービス計画に基づいて入浴，排せつ，食事等の介護，その他の日常生活上の世話，機能訓練，健康管理および療養上の世話をする。
	地域密着型特定施設入居者生活介護	有料老人ホーム等に入居する要介護者等が，地域密着型サービス計画に基づいて，入浴，排せつ，食事等の介護その他の日常生活上の世話，機能訓練および療養上の世話を受ける。

（厚生労働省：介護サービス情報公表システム https://www.kaigokensaku.mhlw.go.jp/publish/ より引用抜粋）

（厚生労働省：用語の定義 https://www.mhlw.go.jp/toukei/saikin/hw/kaigo/service17/dl/yougo.pdf より引用抜粋）

第 2 節　老年期における心理支援

⑴老年期の心理支援の概説

　老年期の心理支援では，第1章第2節に示したサクセスフル・エイジングを達成し，質の高いウェルビーイングを得る事への支援が重要になる。以前は，老年期における心理療法は効果がないとする見方もあったが，現在ではその必要性が認識されつつある（松田，2016）。また，認知症の当事者がその苦痛や不安を語る機会が多くなったこともあって，その不安や焦燥に対する心理支援の重要性が改めて見直されている。松田（2016）は，認知症が根治

困難な病気であるからこそ，本人の不安や混乱に対する心理的サポートが必要であると述べている。さらに，知的活動や身体活動への参加が認知機能の低下を防ぐ効果があることは広く知られている。現在，老年期の心理社会的状況によるメンタルヘルス的な問題や認知症などの疾患に対する相補・代替医療的アプローチとして，回想法，支持的精神療法，リアリティー・オリエンテーション，音楽療法，認知リハビリテーション，認知行動療法などが用いられている。また，家族などを含む介護者への支援としての心理療法や心理教育も行われるようになってきた。

さらに，老年期の心理支援においては，「**社会的統合**」の視点も重要である。このことから回想法や音楽療法などにおいては，集団療法が行われることが多い。社会的統合は社会的繋がりの有無・量・程度を示す指標でもある（小林，2015）。この社会的統合の程度は，ストレスの高低に関わらずウェルビーイングを高める傾向があるとされている。さらに，社会的統合は，様々な役割への期待に応えることを通し，アイデンティティや自己尊重の感覚を生じさせたり，他者との相互作用を通してポジティブな感情を生じさせる。また，ネガティブな感情を低減させるなどの効果があるとされている（Cohen, 2004）。なお，社会的統合が低い人ほど早期に死亡するとの報告もなされている。加えて，社会的孤立（客観的孤立）と孤独（主観的孤立）が死亡リスクを高めることも示されている（Holt-Lunstad, 2010）。さらに，社会関係を多く持った人ほど，機能の低下が抑制されていると言われている。これらより，老年期の心理療法では集団療法を行うことがある。

また，前節で紹介した手段的サポートと情緒的サポートについて，情緒的サポートが多いほど抑うつが低くなり，手段的サポートが多いほど抑うつが高いという結果も見られる。また，情緒的サポートを得ている人ほど生存率が高いという報告もある。小林（2015）はサポートへのお返しができない状況で援助を受けることは苦痛となり，援助自体が自尊心の低下につながる可能性を示唆している。このことから，老年期の心理支援においては，一方的

にサポートを受けとるだけではなく，提供する側にもなれる互恵性のあることが重要であるとされている。

　各種の喪失へのサポートも重要になってくる。喪失については第 1 章第 3 節にて述べたので参照されたい。喪失へのサポートで重要なことは，個としての尊重である。加齢による身体機能の喪失や役割の喪失，人間関係の喪失などによって，クライアントはそれまで培ってきた自分自身（アイデンティティ），自分の歴史なども喪失してしまったと思うことがある。クライアント自身が積み重ね生きてきた歴史そのものが重要であり，かけがえのないものであることをクライアント自身が実感していくことが人生の統合につながる。さらに，喪失は，心理支援の最中にも生じることがある。竹中（2010）は，多くの喪失は生活している以上避けられないものであることから，老年期への心理支援は，生活状況や人間関係の解決や喪失体験の回避に取り組むのではなく，クライアントが生きている状況の中で本人と家族を支えることだと述べている。

　そのためには，クライアントのこれまで生きてきた歴史つまり生活史を丁寧に聞いていくことが大切である。生まれたのがどこで，どのよう育ってきて，どのように成長したか，成人してどのような自立をしてきたのか，家庭を築き，どのように家族を支えてきたのか，そしてどのような役割を果たしてきたのか，そのことが今の生活にどのように繋がっているのかをしっかりと傾聴することが重要である。老年期のクライアントの話は，何回も同じ話が出てきたり，話の内容が散漫になったりする。しかし，丁寧に時間をかけて聞いていくことにより，クライアントが大切にしてきたものは何か，達成してきたものは何かが必ず見えてくる。竹中（2010）も，急ぐことへの戒めを説いている。老年期のクライアントの話は冗長でまとまりがなく，繰り返しが多いこともあって，本人がセラピストに本当に伝えたいことにたどり着くまでに長い時間がかかることがある。また，長い人生について回顧する時には，述べる内容に矛盾が出てくることもある。これは第 1 章でも述べたよ

うに，クライアント自身の自伝的記憶の捉え方が変わってきている場合もある。セラピストは矛盾を問い詰めず，「知ることを急がない」（竹中，2010）という姿勢が必要になってくる。竹中（2010）は，「既往歴や家族歴が生物学的な軌跡だとすれば，生活史は精神の軌跡である」と述べた上で，個としての歴史を持った存在として認められることが必要だと説いている。そのためには，セラピストは矛盾を問い詰めず，情報を得ることばかりに集中して急ぐようなことはせず，じっくり聞くという姿勢が必要になってくる。

　加えて，老年期の心理支援では，子どもや若年者に対する姿勢とは違う姿勢が必要になってくる。これは，老年期のクライアントは，人生の経験を積み重ねていることや自分の生きる時間が有限であり死を意識しているという特徴による。老年期においては，大切な人々が旅立っていた「あの世」や「死」について取り扱うことにより，人生の統合がなされることもある。この視点は子どもや若年者ではあまり取り扱わない視点であろう。

　老年期の特性を念頭に置きながら，黒川（2005）は心理支援における老年期のクライアントに対する7つのポイントを挙げている。第一は，残された時間が有限であることの切実さが若い頃よりも増しているということである。第二は，重要な他者の多くが既に他界しており，他界した大切な他者との関係の修復が課題となる場合があることである。第三は，ライフステージ全ての心理的問題が再浮上する可能性があるということである。第四は，過去の他者との関係ややりとりが再現され転移・逆転移が生じる可能性があるということである。第五は，セラピストがクライアントの過去の全ての他者との関係を把握できない限界をわきまえておく必要性である。第六は，老年期には，意味づけや価値づけを求める気持ちと，意味づけや価値づけから解放されたいという相反する思いをクライアントが抱えていることである。黒川（2005）は，セラピストは自分がイメージする意味づけや価値づけを押し付けないように配慮する必要があると述べている。第七は，死を含む別れに立ち会う機会が多いので，セラピスト自身が死生観を育んでおく必要があると

いうことである。

　竹中（2010）は，老年期の支援について，クライアントの苦悩を受け止め，共感し受容することが大切であり，その支えの中で喪失や現実の葛藤状況に適応したり，クライアント本人が問題を解決するのを見守ることが大切であるとしている。もちろん，クライアントの生物（身体）・心理・社会的状況や家族のサポートの状況を鑑みて，公的サービスやサポートを導入し，環境調整をすることも重要である。そのことによって，クライアント本人の環境が改善されストレスや葛藤が減少することは，メンタルヘルスにも大きな影響を与える。しかし，竹中（2010）が述べるように，心理支援では，ベースとして側に寄り添い，クライアントのありのままを受け入れていくことがその基本姿勢である。

　これらを踏まえた上で，本節では，老年期の心理支援として，回想法と音楽療法を取り上げ，概説する。

⑵回想法

　「回想法」は，認知症の症状が進行しても古い記憶は比較的後期まで残ることを利用して，個々のクライアントに自分の生活史を語ってもらう方法である。回想法はジョン・ホプキンズ大学の医師であった Butler, R. によって創始された。Butler, R. は1963年の論文で高齢者に特徴的な心理過程として回想（またはライフレビューとかレミニッサンス）の存在を示した。1973年頃には心理療法としての回想法の効果も発表されており，高齢者の回想は自然な心理現象で，過去の宿題をなしどける役割を果たすとされた。

　ところで，回想法では自伝的記憶を想起するわけであるが，10歳代後半から30歳代前半の出来事が，他の年代の出来事と比較して多く想起される「レミニッセンスバンプ」という現象がある（増本，2015）。また，自伝的記憶はその後の経験によって重み付けや意味づけが変化するということも言われている。よって，自伝的記憶を回想することは個人的な経験の記憶が他の心

理・行動を変容させる機能を持つ可能性がある。増本（2015）は，自伝的記憶の機能として，「指示機能」「自己機能」「社会機能」「感情調節機能」を挙げている。指示機能とは，過去の経験，例えば過去の失敗や成功の経験によって，適切な判断や問題解決が可能になるという機能である。自己機能は，アイデンティティや自己概念を維持するといった自己一貫性の機能である。社会機能は，他者と個人的な経験を共有することで起こる社会的なつながりの促進機能である。感情調節機能は第1章第1節に示したので参照されたい。このような背景から回想法の使用により，社交性や対人関係改善，自尊心の向上がなされると考えられる。斉藤（1993）らによれば「回想法」は記憶の想起や見当識を再強化する方法であるとともに，クライアントの情動や気分の改善を図ることが出来るとされている。なお，回想法は個別でも集団でも行うことができる。写真やその当時の雑誌などの小道具を用いることもある。

⑶音楽療法

　老年期の音楽療法の目的は，大きく分けて「活動性の向上」「社会性の向上」「情動の安定」であろう。そこに「ウェルビーイング」が加わると考えられる。ここでは拙著『音楽療法総論』の内容を加筆して記す。

　第一の「活動性の向上」は，音楽活動に参加し，歌唱したり演奏したり身体運動を行うことで，身体機能の低下を防ぐということを指す。また，声域の拡大やリズム能力の向上は訓練によって可能であるとされている。さらに，音楽療法において，平衡感覚の訓練，歩行の早さの回復なども可能である。認知症が重症化しても，若い頃に習得した音楽の技術は手続き記憶として維持され保持されていることが多い。従ってこれらを利用して，活動性の向上を促すことも出来ると考えられる。一方，活動性が低下すると認知症が進行するといわれている。認知症のシェーマ理論によれば，認知症は生物（身体）・心理・社会状況によってその症状が修飾される。従って，活動性を向上させることによって，認知機能そのものの改善は難しくとも，修飾されて

いる認知症の症状を軽減することは可能であると考えられる。

　第二の「社会性の向上」は，老年期の領域で行われる音楽療法が集団音楽療法の形態を取ることが多いことに由来している。社会性の向上は社会的統合につながる。いつもは同室の人とさえ会話をしないクライアントが，音楽療法では歌を歌い一緒に楽器を演奏する。これは多くの音楽療法の現場で見かけられる風景である。音楽はノンバーバルなコミュニケーションなので，言語（会話）によって他者と交流することを苦手とするクライアントも自然な形で参加できる。歌を歌う，楽器を演奏するといった音楽活動が対人関係における緩衝材のような役割を果たしているとも言える。なお，「社会性の向上」は，上記に示した認知症のシェーマ理論における社会的状況の改善効果が期待できる。よって，前述したように機能の低下を抑制する効果もある。

　第三は「情動の安定」である。老年期は様々な身体機能の不全，親しい人の喪失（死），今まで必要とされてきた自分が必要とされなくなっていくといった心理的負担を多く抱える状況にある。このような状況にあって，音楽療法では音楽そのものの持つ心理的効果が期待できる。生理学的見地からいっても，音楽聴取によってストレスを示す生理学的指標において減少が認められている。また，クライアント本人による質問紙を用いた研究でもストレス度や不安感が軽減している。この事から，音楽活動に参加することそのものが，情動の安定をもたらすと言える。さらに，Erikson, E.H. は発達理論の中で，老年期における発達課題は「統合」であるとしている。そして，人生における大切な人物や出来事（思い出）を受け入れて統合していくかどうかが老年期を充実したものに出来るかどうかの鍵となると述べている。音楽は記憶と強く結びついており，音楽は感情を呼び起こしやすく，これが統合のきっかけとなるとも考えられている。なお，これらの事を通じて，長期・短期記憶の維持なども促されるとも言える。

　最後は，「ウェルビーイング」である。これらは，大きな枠組みで捉えるなら上記に示した「活動性の向上」「社会性の向上」「情動の安定」も含まれ

ることになるであろう。音楽を通じて他者と交流したり，音楽を聴いたり，音楽活動に熱中したりすることで生き生きとした生活を送ることが，生活の質の向上につながると考えられる。

　ところで，施設に入所する高齢者への音楽療法について，Weiner らが以下の3つの方法を提示している。第一は，「感覚訓練：Sensory Training」である。最重度のクライアントに対して行われる。第一段階として，一対一で腕を挙げたり降ろしたり，身体を前後に揺らしたりすることによって行われる。音楽を流しながら，短いかけ声とともに行うことが多い。第二は，「現実適応訓練：Reality Orientation」である。これは日常生活に最低限必要な情報を繰り返し伝える事による。認知症が進行しているときに行うのが有効的とされる。第三は，「再動機付け活動：Remotivation」である。これは言語や思考を刺激することによって行われる。「Remotivation」による音楽療法は，軽度から中等度の認知症のクライアントの小集団音楽療法で行われることが多い。参加者の積極的な反応や態度を重視し，言語による交流や対人関係の活発化を図る目的で行われる。生きる意欲が衰えたり，自分の立場に無頓着なクライアントに，生活の張りを与えることが目的の一つとされる。

　さて，高齢者の音楽の好みについては，Gibbons, A.C. が1975年と1982年に研究を発表している。それによれば，高齢者は自分が18歳から25歳頃に流行した曲を好む傾向があり，宗教音楽や民謡，懐かしい歌謡曲などを好むという。刺激的音楽と沈静的音楽への嗜好の大きな差はないとされる。一方，Wylie は1990年の研究で，若かりし頃に聴いた音楽の鑑賞により，過去の記憶を刺激することが出来ると報告している。ただし，記憶を刺激できるのは音楽が個人の思い出と結びついている時のみであるとしている。これらの研究は老年期における音楽療法を実践する上での一つの指針となるであろう。

第 3 節　実践研究：音楽療法による心理支援 1
（音楽療法の効果に関する質的研究）

　本節は，日本芸術療法学会誌第48巻に掲載された『家族の視点による音楽療法の効用に関する質的研究』をもとに加筆したものである。

⑴問題と目的
　本邦では老年期の認知症のクライアント（以下 Cl とする）を対象とした音楽療法が様々な形態で実施されており，その効果に対する検討も散見される。
　音楽療法の効果に関する先行研究は量的研究と質的研究に大別される。
　量的研究では，Ridder（2013），Dunn（2012），Ho（2011）が焦燥感（agitation）の軽減を報告している。また，Sun（2012）や Sakamoto（2013）は不安や気分の改善に効果があると述べている。さらに，Raglio（2012）は精神症状評価尺度（NPI; Neuropsychiatric Inventory）において，音楽療法実施群は統制群と比べて有意な低下が認められるとしている。岡部（2006）は高次機能検査において改善が認められたとしている。また，北川（2007）や久保田（2006），高橋（2005）は音楽療法の効果を生理学的指標を用いて検討し，ストレス状態の改善や精神的緊張の緩和を報告している。さらに，関谷（2005）は認知機能の改善や不安感の減少を報告している。松岡（2002）は WAIS-R を用いた検討の結果，動作性 IQ 等において音楽療法によって効果が認められたとしている。
　一方，質的研究では，事例検討を通じた研究が散見される。例えば，稲葉（2007）はグラウンデッドセオリーの方法を用いて事例を検討している。古澤（2007）は心理的安定を示唆しており，能見（2005）は認知症の行動・心理症状（BPSD; Behavioral and Psychological Symptoms of Dementia）の改善が認められた事例を取り上げている。また，鈴木（2003）は量的研究とともに事例も検討し，心理的安定や社会性の向上，問題行動の軽減などを報告してい

る。

　上記の先行研究に関する検討から，認知症 Cl への音楽療法では心理的安定や問題行動の軽減が認められる。しかし，これらは主に Cl 本人の行動観察や検査結果の変化を援助者の観点から見た場合の研究である。

　それでは，日常的に接している主たる介護者である家族は，音楽療法の効果についてどのように感じ，それはどのように日常生活の中で活かされているのであろうか。家族や介護者の視点を含む音楽療法の先行研究では，Mc-Dermot, C.（2014）が家族にインタビューを行い，主題分析によって家族が感じる音楽療法の果たす役割を検討している。その結果，Here & Now, Cl を知る手がかり，新しい経験，音楽の気分における効果，環境に与える効果等を抽出している。また，Hanser, S.B.（2011）は，音楽活動が家族のうつ状態等の改善に役立ったとしている。さらに奥山（2003）は54名の演奏会に参加した高齢者の変化について訪問看護師の観察記録を分析している。その結果，同行の介護者が，参加した高齢者の潜在能力に気づく効果を報告している。同様に，幸（1999）は事例検討を通じて家族が残存能力に気づく機会になったと報告している。

　そこで，本研究は，日常接している家族という視点から音楽療法にどのような効用を感じているのかを質的に検討することを目的とする。具体的には，音楽療法に参加する8名の認知症 Cl の家族に半構造化面接によるインタビューを行い，その内容を木下（2011）（2012）（2013）による修正版グラウンデッドセオリーアプローチ法（M-GTA; Modified Grounded Theory Approach）によって分析する。この質的研究によって家族からみた音楽療法の意味について検討する。なお，本邦において，家族の視点を含んだグラウンデッドセオリーアプローチを用いた音楽療法の質的研究については，CiNii, J-dream, Med Line の3つのデーターベースにおいては見当たらなかった。

⑵インタビュー対象者と方法

2-1. インタビュー対象者

　インタビュー対象者は200X年Y月から200X＋3年Z月までの間に，Iセンターを受診し認知症と診断されたClの内，上記期間に音楽療法研究への参加に同意したClの8名の家族である（表4-3-1を参照）。Clが16回（約4ヶ月）の音楽療法に参加した後に，インタビューへのリクルートを行った。つまり，分析焦点者は「音楽療法への参加を希望する認知症Clの家族」である。なお，倫理的配慮として，本研究についてJ大学およびIセンター倫理委員会の承認を得た上で，研究の導入時に音楽療法の方法・守秘義務・参加の自由などを説明し，同意が得られた場合には署名を求めた。

　認知症Clの平均年齢は83.5歳，性別は男性2名・女性6名で，アルツハイマー型認知症7名，大脳皮質下基底核変性症1名であった。音楽療法にリクルートする時点で，認知症Cl対象の音楽療法としているので，すべての家族がClの認知症という診断を少なくとも表面的には受け入れている。インタビューに参加した家族と認知症Clとの関係は，妻が2名，実娘が3名，

表4-3-1　インタビュー対象者

事例	Clとの関係	同居・別居	インタビュー対象者の年齢	Clの年齢	Clの疾患名	ClのMMSE
A	実娘	同居	63	89	AD	13
B	妻	同居	62	66	CBD	2
C	実娘	同居	不明	75	AD	14
D	妻	同居	80	88	AD	23
E	実娘	同居	49	85	AD	14
F	義娘	同居	53	84	AD	19
G	孫	同居	45	95	AD	10
H	義娘	同居	55	86	AD	17

AD：アルツハイマー型認知症（Dementia of Alzheimer's type）
CBD：大脳皮質基底核変性症（corticobasal degeneration）
MMSE：ミニメンタルステート検査（Mini Mental State Examination）

義娘が2名，孫が1名であった。今回の事例すべてが認知症のClと同居しており，インタビュー対象となった家族の平均年齢は58.1歳であった。

2-2. 音楽療法の実施方法

音楽療法はIセンター内の一室にて週1回の頻度で行われた。音楽療法の主な内容は「1. 始まりの歌，2. 呼吸法または発声，3. 身体運動（歌体操など），4. 今日の曲，5. 楽器演奏，6. 終わりの歌」である。音楽療法のために，室内にはキーボード，太鼓などの打楽器，ハンドベル，マラカスなどが用意されており，季節ごとの歌集や歌詞幕も使用した。また，プログラムの一部で楽曲にまつわる回想法的な関わりを行った。

音楽療法には家族が毎回Clを連れてくる。Clは音楽療法に参加するが，その間，家族の多くは同室にて音楽療法セッションを見学する。なお，家族の見学を義務としている訳ではなく，音楽療法の時間中，自由に過ごしてよいと伝えている。

2-3. 研究の方法

インタビューは音楽療法が実施されている部屋で，音楽療法のセッション後に半構造化面接にて行った。インタビューの最中は認知症Clは他のスタッフが介護し，家族がインタビューに専念できるように配慮した。インタビューは音楽療法実施者である音楽療法士が行った。それまでの家族との会話の中から得られた情報より，音楽療法に参加する動機や継続の動機づけとなっていること，音楽療法活動への参加の意味などが抽出されていたので，以下のような質問内容を事前に設定し，これを軸に自由に語ってもらう形とした。

主な質問内容は「どうして音楽療法に参加しようとしましたか」「音楽療法に参加する前，音楽療法はどのようなものだと想像していましたか」「参加する前，音楽療法に何を期待していましたか」「音楽療法に参加中の○○

さん（対象の Cl）の様子をみてどのように感じましたか」「音楽療法に参加して○○さん（対象の Cl）が変わったなぁと思うことがありましたら教えてください」「音楽療法に参加して，良かったことはどんなことでしょうか」「残念だなぁと思うことはどんなことでしょうか」「音楽療法へのご家族の参加は自由ですが，なぜご一緒に参加しておられるのでしょうか」「ご家族として一緒に音楽療法に参加することで，ご自身（家族自身）に何か変化はありますか」「音楽療法の場において，家族同士が交流することについて，どのように思いますか」「なぜ，16回を過ぎても音楽療法を継続したいと思われたのでしょうか」「ご家族にとって，音楽療法に参加することはどんな意味がありますか」といった12項目である。この質問を軸に，自由に家族に語ってもらう形式でインタビューを行った。

　インタビューに要した時間の平均は22分である。インタビュー後，インタビュー内容を全て逐語録にする作業を行った。その後，M-GTA の手順に従って，ワークシートを作成した。分析ワークシートは「概念名」「定義」「具体例」「理論的メモ」からなっている。1概念に対し，1ワークシートで順次ワークシートを作成した。さらに，概念同士の関係を個別に見比べ検討し，概念のまとまりを作りカテゴリーを生成していった。そして，カテゴリー相互の関係を検討した。また，概念の完成度をあげるために対極例も検討した。

⑶結果と考察

　M-GTA では逐語録から取り出した具体例の検討過程に考察が含まれるので，ここでは結果と考察を合わせて述べる。〈　〉を概念名，【　　】をカテゴリー名，『　　』をコアカテゴリーとして示す。また，逐語で語られた内容を「　　」で表わし，具体例として提示する。

3-1. 音楽療法参加への動機に関する分析

　音楽療法への参加前の家族状況を逐語録から検討した。その結果，音楽療

法参加への動機付け『動機』として，3つのカテゴリーが抽出された（表
4-3-2を参照）。

　まず，【音楽が好き】があった。これは，Clが認知症になる前からの音楽
好きと定義され，「あの〜音楽〜というか，歌がもともと好きな人なので，
孫もおんぶしちゃ，赤ちゃんの時に，おんぶしながらでもこう歌って，童謡
歌って，してくれたので」等が語られている。元々Cl自身が音楽好きであ
った事から，効果があるのではないかと期待していた。

　次に，Clに楽しみを持ってもらいたいという〈楽しみの提供〉という概念
が認められた。具体的には，「なんとかして楽しみを一つださないとだめね，

表4-3-2　音楽療法参加への動機

コアカテゴリー	カテゴリー	概念名	定義	具体例
動機	音楽が好き	音楽が好き	認知症になる前から音楽が好き	F：あの〜音楽〜というか，歌がもともと好きな人なので，孫もおんぶしちゃ，赤ちゃんの時に，おんぶしながらでもこう歌って，童謡歌って，してくれたので，
	気分改善への期待	楽しみの提供	楽しみを持ってもらいたい	F：なんとかして楽しみを一つださないとだめね，っていうのもありまして，
		寂しさ	周りが死んで寂しい	D：カラオケの仲間もだんだん同年輩の方がなくなっ…たりして，友達が少しくなくなって。
	認知症への効果	認知症への効果	認知症に良い	E：薬以外にもそういう音楽療法とか，いろんな療法が効果があるっていうのを，ま，伺ってたので
		自立	自分でやる	C：自分でやらなかんもんで，そういうことがいいんじゃないかなっと。歌の振り付け考えたりね？
		焦り	認知症の進行に対する焦り	C：その前にできればなるべく早いうちに受けれるもんなら受けさせてもらいたいなーっていうのがあってー
プラスの要因	外的要因	掲示物	掲示物を見て参加	H：掲示板にあの募集のがあったから
		スタッフ	スタッフからの紹介	B：看護師さんの方からアドバイス頂いたので，大丈夫かしらってうちの主人でも参加でききるかしらっていったら，あの〜すごく反応があるから，あの〜参加してみたらっていうふうに言われたので
マイナスの要因	参加への不安	不安	参加しても出来ないのではという不安	B：大丈夫かしらってうちの主人でも参加でききるかしら

っていうのもありまして」という語りがあった。さらに，〈寂しさ〉という概念が認められた。老年期特有の心理として，喪失体験に対する喪の仕事としての思慕と探求という過程がある（日本老年精神医学会，2011）。「カラオケの仲間もだんだん同年輩の方がなくなっ…たりして，友達が少しすくなくなって」という語りは喪失を示しており，その喪失に対する思慕と探求から，音楽活動に参加したのではないかと推察された。〈楽しみの提供〉〈寂しさ〉は【気分改善への期待】というカテゴリーにまとめられた。

　さらに，〈認知症への効果〉への期待も見受けられた。先行研究でも示したように，認知症 Cl に対する音楽療法の効果は国内外でいくつか報告されている。認知症に対する決定的な治療法がない現在，音楽療法にある一定の効果を家族が期待している事が明らかとなった。また，認知症の進行に伴う日常生活動作（ADL; Activity of Daily Living）の低下を目の当たりにしている家族は，音楽活動の中で少しでも出来る事をやってほしいという〈自立〉への淡い期待があると判断された。加えて，「その前にできればなるべく早いうちに受けれるもんなら受けさしてもらいたいな」という語りに示されるような，日々進行する認知症状に対する〈焦り〉という概念が見いだされた。〈認知症への効果〉〈自立〉〈焦り〉は全て認知症の症状に対して出てきた概念である事から，これらを【認知症への効果】というカテゴリーにまとめる事とした。

　さらに，上記の『動機』を強化する要素として，『プラス要因』【外的要因】が認められた。まず「掲示板にあの募集のがあったから」といった〈掲示物〉という概念が見いだされた。さらに，「あの〜すごく反応があるからぁ，あの〜参加してみたらっていうふうに言われたので」といった語りに示されるように，〈スタッフ〉という概念が見いだされた。専門職であるスタッフが音楽への反応を家族に伝える事によって参加への不安を払拭し，参加への意欲を強化していた。

　対して，上記の『動機』を低下させる要素として，【参加への不安】とい

うカテゴリーが認められた。これは『マイナス要因』であり，参加してもやれるのだろうかという不安を持つ家族は，表4-3-2に示されるBさんのように，その不安をスタッフに伝え，スタッフから「参加してみたら」と言われた事によって，一歩踏み出せという人が多い。従って，前述した〈スタッフ〉の概念に示される専門職からの後押しが不安の解消に大きく役立っていると思われた。

　これらを総括すると，【音楽好き】【気分改善への期待】【認知症への効果】が参加への『動機』となり，それを強化する要因として『プラス要因』である【外的要因】の支えがあると推察された。加えて，参加への『マイナス要因』となる【参加への不安】に対して〈スタッフ〉からの支えがあるのではないかと考察された。

3-2. 音楽療法参加継続の要因に関する分析

　音楽療法の参加継続は自由であるが，家族は継続を希望している。ここでは音楽療法導入後，どのような観点を持つようになったかを中心に考察する。

　まず家族が導入後のClの変化を感じている事が明らかになり，これは『Clの変化』というコアカテゴリーにまとめられると推察された。ここでは，【情動の安定】【意欲】【活動性の向上】という変化が認められた（表4-3-3を参照）。

　【情動の安定】では，参加中に生き生きしているといった〈気分の改善〉を家族が感じていると思われた。これは，音楽によるストレス改善などの生理学的・心理学的変化もあると思われる。加えて，「この歌歌えたとか，あの歌しっとったよっていうふうなことで」という語りに示されるように，Cl自身がまだこれは出来るという〈自信〉を音楽活動の中で持ったからではないかと判断される。認知症のClは，様々な事が出来なくなる中で自分の世界を失っていく不安と焦燥を持っていると思われる。また，日常で周りから"〜が出来ない"と言われる事も多い。それに対して，特に幼少期に覚えた

表 4-3-3　音楽療法参加継続の要因

コアカテゴリー	カテゴリー	概念名	定義	具体例
Clの変化	情動の安定	気分の改善	気分が良くなる	F：明るくな，なるっていうの？　その時こう…やっぱり……参加…いきいきとしてる！　っていう感じ
		自信	出来る事があるという自信	G：この歌覚えたとか，あの歌しっとったよっていうふうなことで
	意欲	参加への意欲	音楽療法に意欲的	A：「ほら，今日月曜日よ，歌うたいに行くよ，」っていったらぱ〜っと起きて，「じゃあ今日はあの〜早くにするね」っていって，もう，ぱっぱっぱっとして，ええ，「ほら，できたよ〜いくよ〜」っていって自分から〜ええ，凄く楽しみにしてますのでね
	活動性の向上	歌う	日常でも良く歌う	G：音楽が流れてくると，あ，あ〜この歌歌えるな〜とおもってその口ずさむようになっている
		発言	よくしゃべるようになった	A：あの〜孫たちにも色々，こうこうこうでねとかっていって，こうすごく，ええ，会話が増えましたねえ，ええ
家族の変化	家族への効果	気分転換	家族自身の気分転換になる	D：今，主人（Cl）本位で，…それこそあんたに全身全霊でつくしてるんだよとか言って！　だから〜あの〜ここへくるのも，気がまぎれて私自身もいいし。みなさんと一緒にあの井戸端会議のようなこともできたり。
		コミュニケーション	Clとのコミュニケーションのきっかけ	B：この歌今日ならってきたよね〜とか言って，
		Clへの気づき	Clの意外な側面を観察できる	C：あーこういうときにはこういう行動するんだ，こういう発想するんだっていう

楽曲は認知症が重度になっても想起しやすいと言われる。様々な機能を失っていく中で，Cl 自身がまだ出来る事があると感じる事が気分の改善につながったのではないだろうか。

　次に，【意欲】では，「ぱ〜っと起きてじゃあ今日はあの〜早くにするねっていって，もう，ぱっぱっぱっとして，ええ，"ほら，できたよ〜いくよ〜"っていって自分から〜ええ，凄く楽しみにしてますのでね」に示されるような，音楽療法に積極的に参加しているといった語りが多く認められた。これは，音楽療法の中で，出来ることがあるという感覚（前述の〈自信〉）や，Cl 自身の気分が良くなるという〈気分の改善〉が生じ，音楽療法が居心地の良

い空間として感じられている事が影響していると考えられた。

　さらに，【活動性の向上】では，日常生活でもよく歌うといった〈歌う〉という変化が報告された。さらに，日常生活で音楽活動に関する〈発言〉の増加といった変化が認められた。これも〈自信〉などの【情動の安定】が影響して，このような行動変化を引き出しているのではないかと判断された。

　加えて，上記のような Cl 自身の変化に伴って，『家族の変化』というコアカテゴリーにまとめられる変化が認められた。これは【家族への効果】というカテゴリーでもある。まず，家族自身にとって音楽療法そのものが気分転換になっているという〈気分転換〉という概念が認められた。本研究の音楽療法は，家族が同席という事で，家族同士のコミュニケーションの場ともなっている。また，活動状況をみんなで参観している中で，こんな事が大変だとかこういうときはどうすればいいんだろうといった会話が自然となされるようになっていった。その中で，音楽療法が家族にとって認知症 Cl を抱える家族という同じ立場の者達のピアサポート的役割を果たすようになっていったのではないかと推察される。そして，同じ問題を抱える家族の心的サポートを得る事が〈気分転換〉へとつながったのではないかと思われる。

　さらに，Cl と同じ空間を共有する事によって，共通の話題が生まれ，〈コミュニケーション〉のきっかけとなっていると推察された。幸（1999）も会話の増加や一緒に楽しめるようになるといった効果を報告している。

　加えて，〈Cl への気づき〉という概念が認められた。これは音楽活動の中で，これはまだ出来るとかこんなときにこんな反応が出るといった気づきである。日々の生活の中で認知症の進行という現実があり，それは家族にとって，健康だったり若かりし頃の Cl 像の喪失体験でもあると思われる。その中で，Bさんの「リズムとったり，声をだしたり，……一生懸命，あの〜歌おうとかそういうのはちょっとうれしいです」に示されるように，Cl の残された能力を再発見する事や新たな一面を見いだす事は，家族にとって大きな喜びになっていると推察される。なお，家族や介護者の視点を含む音楽療

法の先行研究では，McDermot, C.（2014）が家族を対象としたインタビューを行い，主題分析によって家族が感じる音楽療法の果たす役割を検討している。その結果，Cl を知る手かがりとなったという結論も出されており，本研究の結果と類似している。また，幸（1999）も「立派で普段とは違う表情を見た」という家族のコメントを報告しており，残存能力の再発見について報告している。これらを後述する将来に向けての期待へつなげて，考察を進める。

3-3. 音楽療法への期待に関する分析

　音楽療法に対して家族が持つようになった『期待』には，【楽しみ】【残存能力の賦活】というカテゴリーが認められた（表 4-3-4 を参照）。

　【楽しみ】では，その時間を楽しんでほしいという家族の期待があると思われた。音楽療法中の〈気分の改善〉や〈自信〉や【意欲】を持つ様子を現認した事が，【楽しみ】への期待に影響していると考えられる。これは，Cさんの「自分がノリがすきだなってとこだとなんか動いてたりだとかしてるので，楽しくやってくれてるんだったら，それはいいかなっていうふうに見てます」という言葉などにも表れている。また，進行しつつある認知症を抱

表 4-3-4　音楽療法への期待

コアカテ ゴリー	カテ ゴリー	概念名	定義	具体例
期待	楽しみ	楽しみ	その時間楽しんでほしい	E：この場に参加させていただくと，まあやっぱ楽しいんじゃないかなぁとか。
	残存能力の賦活	身体機能の賦活	身体機能を刺激する	A：こう歌を歌うってことはやはり……むね？　肺をしっかりこう，するっていう事で，
		記憶の刺激	記憶を刺激する	G：昔のあの〜歌をえ〜思い出しながら，あの〜みんなで一緒に歌うっというのが，あの〜え〜一番あの〜え〜本人たちのこう，残存能力といいますかね，そういうのをあの引き出すのにいいな〜ってずっと思って
		現状維持	現状を維持したい	C：ま，現状維持で，ずーっといけれるようなことがあるのかなって感じで，

える Cl が楽しめる場は，少しずつ少なくなってくると考えられる。その中でまだ自分は出来るという感覚を持ちながら少しでも生活の質（QOL; quality of life）の向上がなされる事を家族は期待していると推察された。

　また，【残存能力の賦活】のカテゴリーは，「歌を歌うってことはやはり..むね？　肺をしっかりこう，するって言う事で」という語りに示されるように，身体機能を使用して機能が低下しないように賦活してほしいという期待があると判断された。これは〈身体機能の賦活〉という概念にまとめられる。さらに，〈記憶の刺激〉は，「思い出しながら，あの〜みんなで一緒に歌うっというのが，あの〜え〜一番あの〜え〜本人たち，のこう，の残存能力といいますかね，そういうのをあの引き出すのにいいな」という語りに示される。一般に認知症がかなり進行しても幼少期の歌は思い出して歌える。歌なら思い出せるという現状を家族が目の当たりにして，歌を思い出す事によって少しでも記憶を刺激してほしいと期待していると思われた。加えて，〈現状維持〉という概念も抽出された。認知症の進行という健康だった頃の Cl 像の喪失に対して，家族は失望したり否認しているのではないかと推察された。そして，音楽療法に参加すれば現状維持が出来るのではないかという取り引き的な感情もあるのではないかと思われた。

3-4. 総括

　上記に述べたように，音楽療法参加への動機としてもともと【音楽が好き】である事が影響している事が明らかになった（図 4-3-1 を参照）。そこに音楽による【気分改善への期待】や様々な先行研究で示されているような【認知症への効果】への期待から，参加を促したと考えられる。その際，【参加への不安】をもつ家族もいるが，【外的要因】である〈スタッフ〉からの支えが，参加への後押しをしていると思われた。そして，音楽療法への参加によって家族が『Cl の変化』を音楽活動の中で見いだしていた。その変化には，【情動の安定】があり，音楽による〈気分の改善〉や自分もまだまだ

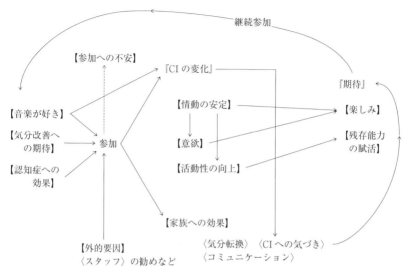

図 4-3-1　家族から見た音楽療法の効用

出来ると Cl が〈自信〉を持つ事によって，それが音楽療法への【意欲】や
歌唱したり発言が増加するといった【活動性の向上】に影響していると考察
された。また，このような Cl の変化を家族が見る事によって，【家族の効
果】として，〈Cl への気づき〉をもたらし，それが，音楽療法への『期待』
につながり参加継続へと影響していると判断された。また，音楽療法中の
【情動の安定】や【意欲】に示される Cl の変化から，音楽療法に【楽しみ】
を期待していると考えられた。さらに，Cl の【活動性の向上】から，【残存
能力の賦活】を期待していると判断された。
　音楽は聴くだけでも参加することができるし，特別な技術がなくても参加
できる。また，認知症が重度になっても昔の歌だけは歌唱することができた
り，リズムをとることは最重度までできる。加えて，筆者らの先行研究から，
認知症に対する音楽療法は「活動性の向上」「社会性の向上」「情動の安定」
などに効果があることが明示されている（渡辺，1995）。薬物療法などによっ

て認知症そのものの改善をなすことが難しい現状においては，音楽療法は代替補完医療の一つとして有用な介入方法であろう。さらに，本研究からは，Cl 本人のみならず，Cl を支える家族にもある一定の効用があることが示された。今後，老年期の人口の増加に伴い認知症の人口も増えるとされている中で，音楽療法は家族も含めた認知症 Cl の有効な支援の一つとしてますますニーズが拡大すると考えられる。

第4節　実践研究：音楽療法による心理支援2
（音楽療法の効果に関する量的研究）

(1)問題と目的

　老年期の音楽療法については様々な研究結果が報告されている。それらを大別すると，主に，不安や焦燥や問題行動といった行動心理症状いわゆる周辺症状（BPSD: Behavioral and Psychological Symptoms of Dementia）に関する報告が多くある。これは，BPSD が心理・社会的要因によって変動する事や介護者の負担増につながる事から，代替補完医療としての音楽療法の効果の目標となりやすいためであると思われる。

　先行研究では，Ridder（2013）が音楽療法を実施しない期間と比べて，焦燥（agitation）が音楽療法中は軽減したと報告している。また，Dunn（2012）は音楽的介入の前後で焦燥において有意差があったと報告している。Sung（2012）はパーカッションを用いた音楽療法実施群では，統制群と比べて，不安が有意に低下していたと報告している。さらに Sakamoto（2013）は，能動的音楽療法の実施はストレス軽減や気分状態の改善に効果があるとしている。Raglio（2012）は音楽療法実施群と統制群を比較した結果，NPI（; Neuropsychiatric Inventory）において群間差が認められたとしている。同じく，Raglio（2010）は音楽療法実施群と統制群の比較の結果，NPI において音楽療法群の終了時に有意にスコアが低下していたと述べている。また，Han（2010）は，音楽療法群は統制群に比べて行動障害（Disruptive behaviors）が

有意に改善されたとしている。なお，Ho（2011）は pre test - post test 法を
用いた検討の結果，食事中に音楽があった方が，焦燥が有意に低下していた
と述べている。他にも，活動性の向上や社会性の改善についての報告がある。
例えば，Lancioni ら（2012）は能動的音楽活動中は歌唱や音楽的運動・表情
などが向上しており，参加意欲の改善が認められたと述べている。なお，
Vleuten（2012）はなじみの歌の出前演奏によって効果が認められたとして
いる。

　また，本邦では，横井ら（2007）が音楽療法群とリクリエーション群を比
較しており，音楽療法群は Timed up & go，座位ステッピングテスト，か
なひろいテスト，閉じこもり度チェックにおいて，有意な改善が認められた
としている。さらに，高田（2014）らが 8 ヶ月間の音楽療法の結果，音楽療
法前半と後半を比較すると，歌唱・リズム・身体運動・集中力などで有意な
改善が認められたと述べている。

　しかしながら，前述した音楽療法の効果に関する研究結果とは異なる見解
も示されている。Vink（2012）は，音楽療法中と他の一般的なレクリエーシ
ョン中の状態を比較した結果，活動の 4 時間後には活動 1 時間前と比べて不
穏が減少しているものの，音楽療法に特異な効果はなかったとしている。加
えて，Narm（2014）は音楽的介入と料理活動を比較したところ，感情面・
認知面・行動面において差が認められなかったと報告している。また，前述
の Han（2010）は，行動の症状に改善は認められたが，気分（Mood）の変化
はなかったと報告していて，先行研究でも意見の分かれるところである。

　このように，老年期の音楽療法の効果に関する検討では，BPSD に対する
効果が報告されている一方で相反する研究結果も示されている。さらに，先
行研究の多くは，音楽療法実施群と統制群の比較であったり，介入時と非介
入時の比較であったり，あるいは音楽療法介入前後の変化に関する研究がほ
とんどである。高田（2014）らが前半と後半の比較をしているが，音楽療法
中の経時的な変化については研究が少ない。加えて，本邦では量的研究の少

なさが指摘されている（遠藤, 2011）。そこで，本研究では，量的研究によって音楽療法中のクライアントの変化について経時的に検討する事を目的とする。具体的には，能動的音楽療法を15回実施し，音楽療法中の対象者の様子について行動観察評価を行う。その後，そのデーターを前期・中期・後期に分けて分析し，経時的変化を検討する。

(2)対象と方法

2-1. 対象

　対象は，200X年Y月から200X＋3年Z月までの間に，Qセンターを受診し認知症と診断されたクライアントで，上記期間に音楽療法研究への参加に同意した25名である。なお，倫理的配慮として，本研究についてP大学およびQセンター倫理委員会の承認を得た上で，クライアントまたは家族に対して，研究の導入時に音楽療法の方法・守秘義務・参加の自由などを説明し，同意が得られた場合にはクライアント本人または家族などの代諾者に署名を求めた。

　対象者の平均年齢は77.3歳，性別は男性10名・女性15名であった。疾患別では，アルツハイマー型認知症19名，前頭側頭葉型変性症2名，大脳皮質下基底核変性症1名，小脳梗塞後遺症1名，軽度認知障害1名，その他1名であった。

　対象者の検査結果は表4-4-1に示す。Mini Mental State Examination（; MMSE）の平均値は17.8点，Barthel Index（; BI）の平均値は85.3点，Instrumental Activities of Daily Living（; I-ADL）の平均値は2.8点，Dementia Behavior Disturbance Scale（; DBD）の平均値は18.7点，Geriatric Depression Scale（; GDS）の平均値は5.3点，Vitality Index の平均値は8.2点，Zarit Burden Interview の平均値は27.6点であった。

表 4-4-1　対象者について

	AV	SD
MMSE	17.8	5.2
Barthel Index	85.3	21.2
I-ADL	2.8	2.0
DBD	18.7	10.7
GDS	5.3	4.3
Vitality Index	8.2	1.8
Zarit	27.6	15.2

2-2. 方法

　音楽療法はQセンター内の一室にて週1回の頻度で行われた。音楽療法の主な内容は「1. 始まりの歌，2. 呼吸法または発声，3. 身体運動（歌体操など），4. 今日の曲，5. 楽器演奏，6. 終わりの歌」である。音楽療法のために，室内にはキーボード，太鼓などの打楽器，ハンドベル，マラカスなどが用意されている。また，季節ごとの歌集や歌詞幕も使用されている。クライアントは導入から継続して15回の音楽療法に参加した。

　音楽療法は日本音楽療法学会認定音楽療法士が実施した。また，実施者とは別の認定音楽療法士が音楽療法中のクライアントの状態について，各セッションごとに毎回，行動観察評価を行った。

　音楽療法中の評価は，信頼性・妥当性のほぼ確立されている認知症用愛媛式音楽療法評価表（Ehime Music Therapy Scale for Dementia; D-EMS）を用いて行った。D-EMS は「認知」「発言」「集中力」「表情」「参加意欲」「社会性」「歌唱」「リズム」「身体運動」の9項目からなっており，各項目は5段階で評価するようになっている。D-EMS は MMSE・CDR（; Clinical Dementia Rating）・PSMS（; Physical Self Maintenance Scale）を外在基準とした相関分析の結果，ある一定の相関が認められ，構成概念妥当性を有すると考えられている。また，内容的妥当性も確認されている。さらに，クロンバック（Cronbach）の α 係数を検討したところ，$\alpha = .96$ で高い信頼性が示され，内的整

合性が示されている。また，評価者間の一致率を検討した結果，D-EMS の全ての項目において Cohen の κ 係数 = .71以上であり，高い一致率が認められている。

　本研究では，上記に示した D-EMS の下位項目ごとに，1-5 回を前期・6-10回を中期・11-15回を後期として平均値をそれぞれ算出した。その平均値を用いて，対応ありの 1 要因分散分析によって分析した。統計ソフトは SPSS を使用した。この方法により，音楽療法の実施によって，音楽療法中の対象者の状態が経時的に変化するか否かを検討した。さらに，状態が変化する場合，音楽療法開始後，どの時点で変化がもたらされるのかについて多重検定を行って検討した。

⑶結果

　D-EMS の下位項目の中で，「身体運動」（$F(2,44)=4.96$, $p<.05$），「表情」（$F(2,44)=3.96$, $p<.05$），「社会性」（$F(2,44)=10.49$, $p<.001$）で有意差が認められた。「発言」（$F(2,44)=2.54$, $p<.10$），「意欲」（$F(2,44)=3.03$, $p<.10$）では有意の傾向が認められた。「歌唱」「リズム」「認知」「集中力」では有意差は認められなかった（表 4-4-2）。

　この結果を受けて，「身体運動」「表情」「社会性」について，Bonferroni

表4-4-2　前期・中期・後期の D-EMS 得点の平均と標準偏差の推移

	前期(1-5 回)	中期(6-10回)	後期(11-15回)	F 値	多重比較
歌唱	4.04（1.01）	4.25（ .82）	4.15（ .75）	4.23	—
リズム	4.09（ .90）	4.18（ .88）	4.28（ .80）	.97	—
身体運動	3.94（1.00）	4.19（ .89）	4.17（ .90）	4.96*	前期＜中期*
認知	4.05（ .89）	4.14（ .83）	4.06（ .93）	.22	—
発言	3.51（1.01）	3.77（1.10）	3.73（1.13）	2.54+	—
集中力	4.07（1.02）	4.23（1.02）	4.23（1.01）	.95	—
表情	3.56（1.09）	3.92（ .90）	3.88（ .86）	3.96*	前期＜中期+
参加意欲	3.99（ .91）	4.15（ .84）	7.19（ .75）	3.03+	—
社会性	3.55（ .86）	3.91（ .69）	3.93（ .66）	10.49***	前期＜中期*, 前期＜後期*

$^*p<.05$, $^{***}p<.001$, $^+p<.10$

の方法により多重比較を行ったところ（$p<.05$），「身体運動」では前期＜中期で有意差が認められた。また，「表情」では前期＜中期に有意の傾向が認められた。さらに，「社会性」の項目では前期＜中期，前期＜後期で有意差が認められた。

(4)考察

　第一に，「身体運動」の結果より，時期によって有意差がある事から，認知症クライアントに対する音楽療法により身体運動が上昇傾向にあり活動性が向上している事が示された。さらに，多重比較の結果から，身体運動の向上は導入後比較的早い段階でもたらされるのではないかと思われた。さらに，その後，有意な低下が認められない事から，音楽療法中は身体運動の向上が持続傾向にあると推察された。これは音楽の身体運動を惹起するという特性が有効に働いたためではないかと考察される。音楽なしでダンスをするのは困難である事が示すように，音楽が提供されると自然と身体運動が惹起される。これらより，音楽の特性を活かす事によって，身体運動が惹起され，活動性の向上に音楽療法が寄与していると推察された。音楽のもたらす身体運動の惹起については，松井（1980）も指摘している。また，Watanabe（2003）の以前の研究でも同様の結果が示されている。また，本研究の結果は，Lancioni ら（2012）の報告にある能動的音楽活動中は音楽的運動が向上していたという結果と類似する。これらの研究結果は本研究の結果を支持するものであると思われる。

　第二に，「表情」の項目の結果より，時期によって有意差がある事から，音楽療法によって表情が次第に良くなってきており，情動が安定していると考えられた。さらに，多重比較の結果，前期と中期に有意の傾向が認められた事から，比較的早い段階で表情が改善され，情動が安定傾向になるのではないかと考察された。これは，認知症の周辺症状であるBPSDに対する音楽療法の効果を示す一端であるかもしれない。本研究では幼少期に歌ったな

じみ深い楽曲を中心に使用している。近時記憶を障害され，日常生活において出来ない体験をする事が多くなっている認知症クライアントにとって，「まだこの歌は思い出して歌える」という経験は情動の安定を促しているのではないだろうか。なお，この結果は，Sung（2012）のなじみの音楽とパーカッションを使用した音楽療法において不安が有意に低下したとする報告と類似している。また，Arroyo（2013）はアルツハイマー病を対象としたなじみの音楽を用いた介入後に自己意識（Self-Consciusness）が改善したと報告している。これらは本研究の結果を支持するものであると考えられる。さらに，音楽は聴取のみでも情動安定効果のある事が多くの研究によって示されている。例えば，Ho（2011）による研究では食事中の音楽が焦燥を低減させる事が示されている。これは，ストレス改善効果などが示す音楽そのものの心理的効果が作用していると思われる。また，能動的音楽療法の心理的効果については数多くの論文で指摘されている。例えば，前述したSakamoto（2013）の研究では，ストレス軽減や気分の改善が報告されており，本研究の結果と一致する。また，Ridder（2013），Vink（2012），Dunn（2012），Ho（2012）らは焦燥（agitation）の改善を報告しているが，これらの研究結果も情動の安定という意味では本研究の結果に類似するものであると考えられる。

　第三に，社会性も上昇傾向にあり，非言語的コミュニケーションである音楽を用いる事によって，導入直後からコミュニケーションが促進され対人交流が活発になってきているのではないかと思われた。さらに，多重比較の結果から，比較的早い段階から社会性の改善が認められ，その後もコミュニケーションの向上が継続していると推察された。音楽はノンバーバルなコミュニケーションであるとよく言われる（松井，1980）。この音楽の特性を活かして言語的な交流が困難な重度の認知症クライアントであっても対人関係が改善されたと推察される。

　なお，今回の結果から，D-EMSの「歌唱」「リズム」では変化が認められず，音楽的能力の向上はもたらされないのではないかと推察された。さら

に，「認知」の項目でも変化が認められなかった事から，音楽療法による認知機能の改善効果は少ないのではないかと思われた。さらに，「参加意欲」の項目で変化が認められなかった事から，意欲の向上はもたらされないのではないかと考察された。これは対象者が認知症である事から，前回の音楽療法活動について記憶している対象者が少なく，少なくとも音楽療法開始時点では参加に関する意欲が不明瞭である事が影響しているのではないかと思われた。

⑸総括

　本研究では，認知症クライアント25名を対象として能動的音楽療法を15回実施し，音楽療法中の対象者の様子について D-EMS（Ehime Music Therapy Scale for Dementia）を用いた行動観察評価を行った。そのデータを前期・中期・後期に分けて対応ありの一要因分散分析と多重比較によって分析し，経時的変化を検討した。その結果，継続的な音楽療法によって，音楽療法中は身体運動が上昇傾向にあり，活動性が向上している事が明らかになった。活動性の向上は音楽療法導入後比較的早い段階でもたらされ，その向上が維持されるのではないかと推察された。さらに，音楽療法中は情動が安定していた。情動の安定は音楽療法導入後早い段階で認められ，安定傾向が続くと考えられた。加えて，社会性が上昇傾向にあり，コミュニケーションの改善が継続していると考察された。しかし，音楽的能力，認知機能，参加意欲は音楽療法を継続しても向上が認められないと推察された。

第4章　参考文献

【第1節】
　一般社団法人日本心理研修センター監修：公認心理師現任者講習会テキスト．金剛出版，東京，2018
　岩原明彦：サクセスフル・エイジングとオプティマル・エイジング．心理学ワールド，82; 5-12，2018

172

厚生労働省：介護サービス情報公表システム https://www.kaigokensaku.mhlw.go.jp/publish/

厚生労働省：用語の定義 https://www.mhlw.go.jp/toukei/saikin/hw/kaigo/service17/dl/yougo.pdf

斎藤正彦：痴呆の心理療法．松下正明編：今日の老年期痴呆治療．金剛出版，東京，1993

下仲順子：老年心理学．培風館，東京，1999

渡辺恭子：音楽療法総論．風間書房，東京，2011

【第2節】

Cohen, S.: Social relationships and health. Am. Psychol., 59(8); 676-684, 2004

Holt-Lunstad, J., Smith, T.B., Layton, J.B.: Social relationships and mortality risk. PloS. Med., 7(7); e100316, 2010

一般社団法人日本心理研修センター監修：公認心理師現任者講習会テキスト．金剛出版，東京，2018

岩原明彦：サクセスフル・エイジングとオプティマル・エイジング．心理学ワールド，82; 5-12，2018

小林江里香：高齢者の社会関係・社会活動．老年精神医学雑誌，26(11); 1281-1290，2015

黒川由紀子：老年期の心理療法．老年精神医学雑誌，16(11); 1299-1303，2005

黒川由紀子，斎藤正彦，松田修：老年臨床心理学．有斐閣，東京，2009

松田修：老年精神医療における老年心理学研究の応用，高齢者心理の理解が老年精神医療においてなぜ重要か．老年精神医学雑誌，27(2); 217-222，2016

斎藤正彦：痴呆の心理療法．松下正明編：今日の老年期痴呆治療．金剛出版，東京，1993

佐藤眞一：老年心理学研究の最前線．老年精神医学雑誌，26(1); 77-83，2015

竹中星郎：老いの心と臨床．みすず書房，東京，2010

渡辺恭子：音楽療法総論．風間書房，東京，2011

【第3節】

Dunn, K.S., Riley-Doucet, C.K.: Comparative analysis of two musical genres within a multisensory environmental intervention. Journal of Holistic Nursing, 31: 62-70, 2012

古澤かおる：重度認知症高齢者A氏への音楽療法の試み，心に届くアプローチを目指
　　して．ホスピスと在宅ケア，41；225-228，2007

Hanser, S.B., Butterfield-Whitcomb, J., Kawata, M., et al.: Home-based music strate-
　　gies with individuals who have dementia and their family caregivers. Journal
　　music Therapy, 48; 2-27, 2011

Ho, S.Y., Lai, H.L., Jeng, S.Y., et al.: The effects of researcher-composed music at
　　mealtime on agitation on nursing home residents with dementia. Archives of
　　Psychiatric Nursing, 25; 49-55, 2011

稲葉千賀：音楽療法の悲嘆援助に関するケーススタディー，歌唱活動を通した悲しみ
　　の表現と悲嘆の心理過程．尚美学園大学芸術情報研究，12；1-7，2007

木下康仁：分野別実践編，グラウンデッド・セオリー・アプローチ．弘文堂，東京，
　　2011

木下康仁：ライブ講義M-GTA．弘文堂，東京，2013

木下康仁：グラウンデッド・セオリー・アプローチの実践．弘文堂，東京，2013

北川美歩，高世秀仁，桑名斉：音楽療法が認知症高齢者の自律神経系に及ぼす効果に
　　ついての生理学的評価．日本音楽療法学会誌，7；130-137，2007

久保田進子，伊藤孝子，中川浩，et al.：高齢者への能動的・受動的音楽療法の効果，
　　生理的指標を用いて．日本音楽療法学会誌，6；17-22，2006

McDermott, O., Orrell, M., Riddre, H.M.: The importance of music for people with
　　dementia, the perspectives of people with dementia, family cares, staff and mu-
　　sic therapists. Aging Mental Health, 18; 706-716, 2014

松岡恵子，朝田隆，宇野正威，et al.：非薬物療法がアルツハイマー型痴呆患者の認知
　　機能に及ぼす効果．老年精神学雑誌，13；929-936，2002

日本老年精神医学会編：改訂・老年精神医学講座；総論．ワールドプランニング，東
　　京，p.155-168，2011

能見昭彦，美原淑子，美原恵里，et al.：音楽療法により behavioral and psychological
　　symptoms of dementia が軽減した認知症高齢者の2例．日本音楽療法学会誌，
　　5；207-213，2005

岡部多加志：音楽療法の神経疾患への応用，アルツハイマー型認知症およびパーキン
　　ソン病における治療成績．慶応医学，83；231-240，2006

奥山則子：高齢者の閉じこもり予防のための音楽療法について．東京慈恵会医科大学
　　雑誌，118；407，2003

Raglio, A., Bellelli, G., Traficante, D., et al.: Addendum to Efficacy of music therapy treatment based on cycles of sessions. Aging Mental Health, 16; 265-267, 2012

Ridder, H.M., Stige, B., Qvale, L.G., et al.: Individual music therapy for agitation in dementia. Aging Mental Health, 17; 667-678, 2013

幸　絵美加：音楽活動の発表による痴呆性高齢者の復権と介護者の心の支え．月刊総合ケア，9；51-53，1999

Sakamoto, M., Ando, H., Tsutou, A.: Comparing the effects of different individualized music interventions for elderly individuals with severe dementia. International Psychogeriatric, 25; 775-784, 2013

関谷正子，磯田公子：在宅高齢者に対する能動的音楽療法の長期継続実施が認知機能と感情に及ぼす改善効果．日本音楽療法学会誌，5；198-206，2005

Sung, H. CLee, W.L., Watson, R.: A group music intervention using percussion instruments with familiar music to reduce anxiety and agitation of institutionalized older adults with dementia. International Journal of Geriatric Psychiatry, 27; 621-627, 2012

鈴木みずえ，渡辺素子，竹内幸子：痴呆性高齢者の音楽療法の評価手法に関する研究．老年精神医学雑誌，14；451-426，2003

高橋多喜子，松下裕子：中度・重度痴呆性高齢者に対する音楽療法の長期的効果，生理学的指標による検討．日本音楽療法学会誌，5；3-10，2005

渡辺恭子，西川志保，繁信和恵，et al.：痴呆症に対する音楽療法の効果についての検討．精神医学，45；49-54，1995

渡辺恭子，三浦久幸：家族の視点による音楽療法の効用に関する質的研究，認知症クライアントの家族との半構造化面接を通して．日本芸術療法学会誌，48(1)；70-79，2017

【第4節】

Arroyo, A: Familiar music as an enhancer of Self-Consciousness in patients with Alzheimer's disease. Biomed. Res. Int., 2013; 752965, 2013

Dunn, K.S., Riley-Doucet, C.K.: Comparative analysis of two musical genres within a multisensory environmental intervention. J. Holist. Nurs., 31(1); 62-70, 2012

遠藤英俊：介護保険制度．日本老年精神医学会編：改・老年精神医学講座；総論．ワールドプランニング，東京，p.244-245，2011

Han, P., Kwan, M., Chen, D., et al.: A controlled naturalistic study on a weekly music therapy and activity program on disruptive and depressive behaviors in dementia. Dment. Geriatr. Cogn. Disord., 30(6); 540-546, 2011

Ho, S.Y., Lai, H.L., Jeng, S.Y., et al.: The effects of researcher-composed music at mealtime on agitation on nursing home residents with dementia. Arch. Psychiatr. Nurs., 25(6); 49-55, 2011

Lancioni, G.E.,, Singh, M.N., Reilly, M.F., et al.: Self-regulated music stimulation for persons with Alzheimer's disease. Dev. Neurorehabil., 16(1); 17-26, 2012

松井紀和：音楽療法の手引．牧野出版，東京，p.2-9, 1980

Narm,, P., Clement, S., Ehrle, N., et al.: Efficacy of musical interventions in dementia, evidence from a randomized controlled trial. J. Alzheimers Dis., 38(2); 359-369, 2014

Raglio, A., Bellelli, G., Traficante, D., et al.: Efficacy of music therapy treatment based on cycles of sessions. Aging Memt. Health, 14(8); 900-904, 2010

Raglio, A., Bellelli, G., Traficante, D., et al.: Addendum to Efficacy of music therapy treatment based on cycles of sessions. Aging Ment. Health, 16(2); 265-267, 2012

Ridder, H.M., Stige, B., Qvale, L.G., et al.: Individual music therapy for agitation in dementia. Aging Ment. Health, 17(6); 667-678, 2013

Sakamoto, M., Ando, H., Tsutou, A.: Comparing the effects of different individualized music interventions for elderly individuals with severe dementia. International Psychogeriatric, 25; 775-784, 2013

Sung, H.C., Lee, W.L., Watson, R.: A group music intervention using percussion instruments with familiar music to reduce anxiety and agitation of institutionalized older adults with dementia. Int. J. Geriatr. Psychiatry., 27(6); 621-627, 2012

高田艶子，岩永誠：補完代替医療としての音楽療法が認知症に及ぼす効果．日本補完代替医療学会誌，11(1)：49-55, 2014

Vink, A.C., Zuidersma, M., Boerma, F., et al.: The effect of music therapy compared with general recreational activities in reducing agitation in people with dementia. Int. J. Geriatr. Psychiatry, 28(10); 1031-1038, 2012

Vleuten, M., Visser, A., Meeuwesen, L.: The contribution of anitimate live music performances to the quality of life for persons with dementia. Patent. Educ. Couns., 89(3); 484-488, 2013

Watanabe, K., Trikawa, S., Nishikawa, H., et al.: Usefulness of Ehime Music Therapy Scale for Dementia in aged patient with dementia. Japaneese J. Geriatric,

Psychiatry, 11(7); 805-814, 2000

Watanabe, K., Trikawa, S., Nishikawa, H., et al.: Effect of Music Therapy for Patients with Dementia. J. Psychiatry, 43(6); 661-665, 2001

横井和美, 国友登久子, 島田淳子, et al.: 効果的な認知症予防事業に関する実践的研究. 人間看護学研究, 5; 81-88, 2007

用 語 索 引

あ と が き

　本書は，老年期のクライアントの心理支援の一助となればという思いで執筆したものです。

　思えば，私が老年期のクライアントとの関わりを持ち始めたのは，老年精神医学をご専門とする諸先生のお勧めによる当時の認知症疾患治療病棟における音楽療法でした。25年近く経った今でも，老年期の，特に認知症を抱えるクライアントの歌を歌う時の輝くような笑顔を忘れることはできません。認知症のクライアントは様々なものを失い，今までできていたことができなかったり，思い出せないという日常を過ごしていらっしゃいます。その中で，幼少期に覚えた歌は認知症が進んでも歌うことができるようです。歌えた瞬間の喜びはいかばかりでしょう！　もしかしたら，その歌を歌っていた頃の幸せな幼少期の思い出に一瞬，邂逅しているのかもしれません。一方で，先週まで音楽療法で関わってきたクライアントが亡くなられたと知った時，「臨床家として，老年期領域において何ができるのだろう。亡くなってしまうのに，この関わりに意味があるのか」という疑問を突きつけられました。その答えを導いてくれたのが，歌っている瞬間のはじけるようなクライアントの笑顔でした。「もう残されている時間は少ない。1週間後に死が訪れるならあと168時間しかないのだ。その残された時間の貴重な1時間を私は与えられているのだ。その1時間，幸せだ・楽しいと思えるような瞬間を持っていただこう。たとえすぐ忘れてしまったとしても」と思うことができました。

　人は死に向かう存在です。恐らくは1時間，1分，今この瞬間の積み重ねが生きるということなのです。そして，その1時間，1分をどのように質の高いものにできるかのお手伝いをすることこそが私たち臨床家の果たす役割

だと思っています。1時間，1分，瞬間の記憶が残っていてもいなくても，大切な貴重な時間なのです。老年期における特に認知症に対する心理支援は必要ないと考える方もいらっしゃるかもしれません。しかし，すぐに忘れてしまったとしても，私はクライアントの大切な時間に寄り添っていきたいと思っています。

　本書の執筆にあたり，心身ともに支えになってくれた夫と2人の息子はるおとゆきおに深い感謝と愛を送ります。

　また，本書は私が奉職しています金城学院大学・父母会特別研究助成費によって刊行する事が出来ました。金城学院大学・父母会に心より感謝をしたいと思います。

　最後になりましたが，本書の出版にあたり風間書房風間敬子社長，斎藤宗親様に多大なるご助力を頂きました。ここに深謝申し上げます。

2020年3月

渡辺恭子

著者略歴

渡辺恭子（わたなべ　きょうこ）

2002年　名古屋大学大学院博士課程後期教育発達科学研究科修了。
　　　　（教育学博士）
現在，金城学院大学人間科学部・同大学院人間生活学研究科教授。
公認心理師，日本音楽療法学会認定音楽療法士，
日本臨床心理士資格認定協会認定臨床心理士。

老年期の心理査定と心理支援に関する研究

2020年4月1日　初版第1刷発行

著　者　　渡　辺　恭　子

発行者　　風　間　敬　子

発行所　　株式会社風　間　書　房

〒101-0051　東京都千代田区神田神保町 1-34
電話 03(3291)5729　FAX 03(3291)5757
振替 00110-5-1853

印刷　太平印刷社　　製本　井上製本所